Wandern in Irland

Andreas Stieglitz

DUMONT aktiv

Inhalt

Dank

Mein Dank gilt allen, die an der Entstehung dieses Buches beteiligt waren und und mich auf vielen Touren begleitet haben, ganz besonders Ingolf Jungmann, Karin Mertzlin, Jutta Burow, Volker Bennemann und meinem Mentor Reinhard Michel. Für außerordentliche Gastfreundschaft danke ich ganz herzlich Brigid & Kevin O'Grady vom Avon Park Guesthouse, Rathdrum, Co. Wicklow; Marie Kennedy vom Old Anchor Guesthouse in Annascaul, Co. Kerry sowie Nick Becker und Rosie Garde vom Glencar House Hotel, Glencar, Co. Kerry. Für die bereitwillig gewährte Hilfe bei der Ausarbeitung von Wanderrouten gilt mein besonderer Dank Christopher Stacey von Footfalls Walking Holidays, Trooperstown, Co. Wicklow, und Ann Curran von Irish Village Walking Tours, Annascaul, Co. Kerry. Danken möchte ich auch Juliane Honisch für ihre sachkundigen Hinweise zum Gälischen, der Irischen Fremdenverkehrszentrale, Frankfurt a. M. und der Nordirischen Zentrale für Fremdenverkehr, Frankfurt a. M., für die freundlich gewährte Unterstützung meiner Reisen.

Wandern in Irland

Wandersaison

Die beste Wanderzeit für Irland ist das Sommerhalbjahr. Mai und Juni sind die trockensten Monate und bieten den meisten Sonnenschein. Im Juli und August können etwa die Halbinseln im Südwesten überlaufen und die Quartiere stark ausgelastet sein. Mücken, die in sumpfigen Gegenden zur Plage werden können, sind im September und Oktober verschwunden, weshalb auch diese Monate sich gut zum Wandern eignen.

Anspruch

In der Rubrik ›Die Wanderung in Kürze‹ wird jeweils darauf hingewiesen, ob es sich bei der Wanderung um eine einfache (+), eine mittelschwere (++) oder eine anspruchsvolle (+++) Tour handelt.

Gehzeiten

Bitte beachten Sie: Alle in diesem Wanderführer aufgeführten Zeiten verstehen sich als reine Gehzeiten. Rechnen Sie bei der Planung einer Tour noch etwa ein Drittel der Zeit hinzu, um Pausen für die Rast oder zum Fotografieren, Abstecher oder Verzögerungen durch schwierige Orientierung zu berücksichtigen. Schlechtes Wetter, stark vernäßte Wege oder angeschwollene Bäche können die Wanderzeit erheblich verlängern.

Wege und Markierungen

In Irland gibt es kein Wegerecht *(right of way)* auf privaten Ländereien, so dass grundsätzlich nur öffentliche Wege *(public footpaths)* begangen werden dürfen. In jüngster Zeit haben Farmer verschiedene Wanderwege, die durch ihr Land führen, gesperrt. Hierüber gibt es gegenwärtig heftige politische Auseinandersetzungen, deren Ende vorerst nicht abzusehen ist. Schilder, die den Durchgang durch ein Grundstück untersagen (z.B. *no trespassing)*, sind auf jeden Fall zu beachten. Auf Initiative wohlmeinender lokaler Gruppen ist ein

Netz offizieller Fernwanderwege entstanden (Wicklow Way, Kerry Way usw.), das mittlerweile über 2000 km umfasst. Die Routen sind mit schwarzen Holzpfosten markiert, die Richtungspfeile und meist das Symbol eines Wanderers zeigen. Diese Pfosten stehen jedoch nicht immer so dicht, daß man sich ohne Karte zweifelsfrei orientieren könnte. Andere Wanderrouten sind überhaupt nicht markiert und verlaufen teils weglos; die Orientierung erfordert daher eine gewisse Konzentration.

Ausrüstung

Feste Wanderstiefel (Trekkingstiefel) sind bei längeren Wanderungen unbedingt empfehlenswert. Sie sollten leicht, aber dennoch wasserdicht sein. Regen- und Sonnenschutz sollte man immer dabeihaben. Sollte für eine Wanderung spezielle Ausrüstung notwendig sein, ist das jeweils gesondert vermerkt.

Karten

Die besten Wanderkarten für Irland sind die topographischen Karten der Discovery Series (Maßstab 1:50 000, 89 Blätter), die vom irischen Vermessungsamt (Ordnance Survey) herausgegeben werden. Neben bedeutenden Sehenswürdigkeiten verzeichnen diese Karten auch alle Fernwanderwege.

Sicherheit

Gehen Sie im Bergland nie allein auf eine Wanderung. Falls Ihnen etwas zustößt, kann Ihre Begleitung Hilfe holen. Hinterlassen Sie in Ihrem Hotel (o. ä.) einen Hinweis, wohin Sie aufbrechen und wie lange Ihre Wanderung voraussichtlich dauern wird.

Notruf

✆ 112 kostenlos von jeder Telefonzelle – für Polizei, Feuerwehr, Notarzt und Mountain Rescue (Bergwacht).

Bus und Bahn

Zwar ist Irland durch Buslinien recht gut erschlossen (Züge verkehren nur noch zwischen größeren Städten). aber in den abgelegeneren Berg- und Küstenregionen, also den besten Wandergebieten, kommt man oft nur mühsam voran – allzu selten fahren hier die Busse. Ein Fahrplan von Bus Éireann mit allen Linienbussen ist in Buchhandlungen, Kiosken und bei den Tourist Offices erhältlich.

SYMBOLE IN DEN KARTEN

- Gasthaus
- Kirche
- Kloster
- Burg, Schloß
- Burgruine
- Aussichtsturm
- Bergwerk (aufgelassen)
- Rastplatz
- Höhle
- Wasserfall
- Quelle
- Sendemast

Heilige Bäume und dunkle Fichtenforste

Oft sind die kahlen Berge in Wolken gehüllt, fegt der frische Wind vom Atlantik über die baumlosen Hänge. Strömender Regen weicht Wiesen und Wege auf und läßt die Flüsse anschwellen. Doch ebenso rasch, wie es gekommen ist, zieht das Unwetter ab, und gleißender Sonnenschein läßt das Land um so klarer in zahlreichen Grüntönen erstrahlen. Weit schweift der Blick über die offene Landschaft mit saftigen, von Steinmäuerchen und Hecken parzellierten Viehweiden, teils von Farn, Binsen und Stechginster überwucherten Feldern und öden Mooren, in die kein Mensch je einen Fuß gesetzt zu haben scheint. Karge steinige Anhöhen, von den Gletschern der letzten Eiszeit abgehobelt, und offene Täler mit eingebetten Seen beschwören Impressionen einer urzeitlich rauhen Landschaft herauf.

Doch der Eindruck wilder, unberührter Natur täuscht. Den Menschen der Bronzezeit (ca. 2000–600 v. Chr.) bot sich noch ein ganz anderes Bild, denn Irland war einst weithin mit Mischwäldern bedeckt. Nur dort, wo sich Menschen niedergelassen hatten, um Ackerbau und Viehzucht zu betreiben, gab es kleine Lücken in dem dichten Bewuchs aus Eichen, Hasel, Erlen, Ulmen, Birken und Kiefern. Immer mehr Wald wurde für neues Acker- und Weideland gerodet; auch der Bedarf an Bau- und Brennholz stieg stetig. Nur zwei Kleinbäume wurden zumeist verschont: Weißdorn *(hawthorn)* und Holunder *(rowan)*.

Der Weißdorn ist den Iren seit grauer Vorzeit heilig. Nach einer keltischen Sage trafen die ersten Menschen in Irland auf das Volk der Zwerge. Nach drei Jahren erbitterten Kampfes wurde schließlich ein Pakt geschlossen: Die Zwerge durften die Unterwelt ihr eigen nennen, die Menschen hingegen konnten ungestört auf Erden leben. Nur bestimmte heilige Plätze über der Erde sollten die Zwerge für ihre Versammlungen ganz für sich allein haben dürfen: den Weißdorn und die Ring-Forts. »Wenn irgend jemand Hand an diese heiligen Plätze legt, wird sich ein Fluch über ihn legen«, sprachen sie. Der Weißdorn war im keltischen Irland und Schottland so heilig, daß der Baum sogar zur Abwehr böser Geister gepflanzt wurde: Häufig sieht man noch heute neben alten Häusern oder Hausruinen einen knorrigen Weißdorn stehen, der die Bewohner vor allerlei Gefahren beschützen sollte (s. Abb.).

Die Wälder aber wurden immer weiter gerodet. Im 19. Jh. präsentierte sich Irland als weithin baumlose Insel mit schier endlosen Äckern. Nicht einmal grüne Hecken gab es; graue Steinmäuerchen unterteilten die Felder. Umsäumt von hohen Mauern, unterbrachen nur die herrschaftlichen Anwesen des Adels mit ihrem dichten Baumbestand die offene Flur, standen die Herrenhäuser doch inmitten englischer Landschaftsgärten, die an waldige Jagdreviere grenzten.

Mit dem Ziel umfassender Aufforstungen wurde 1903 die irische Forstbehörde geschaffen. Langsam begann sich der Baumbestand ein wenig zu erholen, um im Ersten Weltkrieg erneut abzunehmen. Während dieser Zeit wurden 80 000 ha Waldland abgeholzt; 1918 waren nurmehr 0,5 % (!) der Fläche Irlands mit Bäumen bestanden.

Nicht ökologisches Bewußtsein, sondern die Erfordernisse der modernen Landwirtschaft haben in den letzten Jahrzehnten zu umfangreichen Aufforstung geführt, fast ausschließlich mit Monokulturen aus Fichten, die an die Klima- und Bodenverhältnisse am besten angepaßt sind. Etwa ein Drittel der Böden Irlands (hauptsächlich im Westen der Insel) sind als Acker- und selbst als Weideland wenig geeignet, da sie zu stark vernäßt sind. Großzügige Subventionen sowie die Befreiung von der Einkommenssteuer haben Aufforstungen gefördert, so daß heute rund 8 % Irlands wieder mit Wäldern (leider überwiegend Fichtenschonungen) bedeckt sind – angepeilt ist der EU-Durchschnitt von 24 %.

Bislang wurden hauptsächlich Gebiete oberhalb der Ackerbaugrenze und Deckenmoore aufgeforstet, doch soll nun auch das extensiv genutzte Weideland im Westen zur Holzproduktion genutzt werden? Nicht nur bei Umweltschützern regt sich Widerstand. Düstere Fichtenschonungen, die einzig der profitablen Holzerzeugung dienen (neben Öl ist Holz wertmäßig immerhin das zweitwichtigste Importgut der EU!), lassen den Boden noch mehr versauern und schneiden in der ökologischen Bilanz schlecht ab. Hier wie anderswo setzt sich nur mühsam die Erkenntnis durch, daß naturnahe Laubmischwälder, wie sie für Irland von Natur aus typisch sind, ein stabiles ökologisches Gleichgewicht fördern und langfristig gegenüber schnellem Profitdenken den besseren Nutzen bieten – auch aus wirtschaftlicher Sicht.

Faule Beete und die große Hungersnot

Alte Trockenmauern aus sorgsam geschichteten Steinen ziehen sich über die grünen Hänge, friedvoll grast das Vieh auf den saftigen Weiden. Bei genauerem Hinsehen fällt ein regelmäßiges Linienmuster in den Wiesen auf – rillenförmige Vertiefungen, die bei tiefstehender Sonne besonders plastisch zutage treten, häufig jedoch nur an einem leichtem Wechsel des Farbtons erkennbar sind. Senkrecht, also mit dem Gefälle, ziehen diese sogenannten *lazy beds* (faule, träge Beete) den Hang hinab. Sie zeugen davon, daß auf dem heutigem Grünland einst intensiv Ackerbau betrieben wurde.

Irland ist eine regenreiche Insel, und die Hauptsorge des Bauers galt seit jeher einer guten Dränage des Bodens. Um das häufig vernäßte und versumpfte Gelände trockenzulegen, wurden senkrecht zum Hang in regelmäßigen Abständen (50 cm bis 2 m) Furchen gezogen, durch die das Wasser ablaufen konnte. Nur zur ersten Anlage eines *lazy bed* wurde manchmal ein Pflug benutzt; danach mußte die Bearbeitung mit dem Spaten erfolgen – ein mühsames und arbeitsintensives Verfahren.

Auf den schmalen Rücken aus aufgeschütteter Erde, die zwischen den Entwässerungsrinnen verliefen, wurden die Feldfrüchte angebaut – zumeist Kartoffeln, die auf den feuchten Böden Irlands ganz besonders gut gedeihen, aber auch Roggen und Hafer. Breite und Höhe der Rücken waren von der Bodenbeschaffenheit und der jeweiligen Feldfrucht abhängig, die gerade angebaut wurde. Torf, Tang *(kelp)* und Stallmist wurden der Erde als Dünger beigemengt; Sand diente der besseren Durchlässigkeit. Selbst die schlechtesten Böden, die Hochmoore in den Midlands und die Deckenmoore im Westen, konnten auf diese Weise mit hohem Ertrag kultiviert werden. Nach einigen Jahren mußten die *lazy beds* allerdings in mühsamer Handarbeit vollkommen umgegraben werden, wobei Erdrücken und Furchen miteinander vertauscht wurden.

Das ausgeklügelte Feldsystem ist vorgeschichtlichen Ursprungs. Die Spaten der Archäologen haben *lazy beds* aus der frühen Bronzezeit ans Tageslicht gebracht. Sie liegen heute unter bis zu mehreren Metern mächtigen Deckenmooren begraben, die entstanden, als das einst sorgsam kultivierte Land wieder aufgegeben wurde und Torfmoose die Felder zu überwuchern begannen.

Seinen Höhepunkt erreichte das System der *lazy beds* Anfang des 19. Jh., als in Irland fast nur noch Kartoffeln angebaut wurden, deren hoher Nährwert alle anderen Feldfrüchte bei weitem übertraf. Der Verbrauch lag bei über 4 kg pro Tag – eine fast unvorstellbare Menge, doch um immer mehr hungrige Münder zu ernähren, war man längst von der ertragreichen Monokultur abhängig geworden.

Die zunächst erfolgreiche Subsistenzwirtschaft auf der Basis einer einzigen Feldfrucht war zugleich eine entscheidende Ursache für die große Hungersnot, die zwischen 1845 und 1851 über Irland hereinbrach. Die Kartoffelfäule zerstörte über mehrere Jahre hinweg die Ernte, andere Feldfrüchte standen kaum zur Verfügung. 800 000 Menschen starben in dieser Zeit in Irland; rund 1,5 Mio. wanderten aus.

Sind schon während der großen Hungersnot zahlreiche *lazy beds* brachgefallen, so trug die Verbreitung des von Pferden gezogenen Pfluges und schließlich der Maschineneinsatz ein Übriges zu ihrem Verschwinden bei. Das in ungünstigen Lagen aufgegebene Ackerland, etwa hochgelegene Hangpartien oder vernäßte Niederungen, wird heute zumeist als Schafweide genutzt. Längst hat Gras die alten Felder überwuchert, doch in den *lazy beds* sind die alten Ackerfurchen aus jener Zeit erkennbar, als hier ein letztes Mal Feldfrüchte angebaut wurden.

Ein Snack aus glitschigem Tang

Auf Strandspaziergängen an den Küsten im Westen und Norden Irlands braucht man nicht lange nach ihm zu suchen: Im Spülsaum der Brandung liegt angeschwemmter Tang mit seinen langen braunen Blättern. Früher war er als Dünger begehrt, insbesondere beim Anbau von Kartoffeln, aber noch größere Bedeutung hatte die Gewinnung von *kelp*. *Kelp* ist im Englischen sowohl der Name für Tang als auch für das Produkt, das daraus gewonnen wurde.

Tang gehört zu den größeren Formen der Braun- und Rotalgen *(Laminaria sp.)*. Er gedeiht im seichten Wasser kühler Küstenregionen und bildet dichte Bestände. Mit einem kräftigen Wurzelsproß klammert sich die Pflanze am felsigen Meeresgrund fest. Während der winterlichen Sturmfluten und in Zeiten starker Dünung werden die geschwächten und abgestorbenen Stengel und Blattwedel in großer Zahl an den Küsten angeschwemmt. Die sogenannten Kuckucksstürme *(cuckoo storms)* spülen im Mai weiteren Tang an, das sogenannte Mai-Vlies *(may fleece)*.

Heutzutage verrotten diese Massen an Seetang am Ufer, aber früher verdienten sich Küstenfischer und Bauern ein Zubrot zu ihrem kärglichen Einkommen, indem sie die angeschwemmten Pflanzen sammelten. In manchen Gegenden wurde der Tang sogar frisch von seinen Haltewurzeln im seichten Wasser

kühlen verhärtete sich die Schmelzmasse zu einer bläulichen Substanz namens *kelp,* einem einst geschätzen, mineralienreichen Rohstoff.

Bis etwa 1850 war *kelp* die wichtigste Sodaquelle. Soda dient als Bleichmittel sowie zur Herstellung von Seife und Glas. Später wurde entdeckt, daß Kelp auch Jod in größerer Konzentration enthielt. Anfang des 20. Jh. entstanden andere Verfahren, um diese Chemikalien in industriellem Maßstab zu gewinnen, und die Produktion von *kelp* verlor stark an Bedeutung. Heute wird *kelp* noch zur Herstellung von Algin benutzt, einer Substanz, die bei der Reifenherstellung als Zusatz dient und Speiseeis am Auskristallisieren hindert. Auch *dulse* (gälisch *duileasg; Rhodymenia palmata),* eine eßbare rote Algenart, hat noch eine gewisse Bedeutung. Getrocknet ergibt sie einen mineralienreichen, ziemlich salzigen Snack, der in manchen Läden erhältlich ist. Der Geschmack ist zwar ein wenig gewöhnungsbedürftig, aber auch hier gilt: probieren!

abgeschnitten. Danach legte man ihn auf kleinen Steinmauern an der Küste zum Trocknen aus, wie es auf Inisheer bis heute noch zu sehen ist. Der getrocknete Tang wurde auf einem Eisenrost in Steingruben *(kelp kilns)* gebrannt. Der beißende weiße Rauch, der dabei entstand, wurde zuweilen bei Bronchialerkrankungen inhaliert. Beim Ab-

Die Moore Irlands

Schon in der keltischen Sagenwelt tauchen Moore auf – als unergründliche, von den Menschen gefürchtete Orte der Düsternis, in die man sich allenfalls flüchtete, um Verfolger abzuschütteln oder sie in die Irre zu führen. Alte Wege mieden das schier undurchdringliche Terrain und verliefen durch trockeneres Gelände. An einigen Stellen wurden Holzbohlenwege durchs Moor gelegt, deren gälische Bezeichnung *tóchar* (anglisiert *togher)* sich ebenso in Ortsnamen wiederfindet wie das gälische Wort für Moor: *moin* (anglisiert *moan, mone)*. Trotz Trockenlegung und Torfabbau in großem Umfang ist die Grüne Insel noch zu rund 15 % mit Mooren bedeckt.

Landwirtschaftlich waren Moore früher kaum nutzbar; nur durch mühsame Trockenlegung konnte hie und da etwas Weideland gewonnen werden. Traditionell wird Torf als Brennmaterial gestochen, und noch heute liegt in ländlichen Gegenden der charakteristische Geruch von Torffeuer in der Luft. Die mühevolle Arbeit der Torfstecher wird allerdings mehr und mehr durch Maschinen verrichtet. Mit Hilfe sogenannter *sausage machines* wird der Torf in Würstchenform abgebaut. Seit Gründung der staatlichen Torfbehörde Bórd na Móna im Jahr 1946 wird der Torf der Hochmoore auch im industriellen Maßstab als Brennstoff abgebaut und in Kraftwerken verstromt. Abgebaute Moore werden vielfach aufgeforstet, leider zumeist mit nicht heimischen Nadelhölzern wie Sitka-Fichten und Lodgepole-Kiefern.

Moore entstehen auf stark vernäßten und versumpften Böden

oder aber durch das allmähliche Verlanden von Gewässern. Im Wasser können sich die abgestorbenen Pflanzen unter Luftabschluß nur unvollständig zersetzen. Die halbverrotteten Fasern, die sich über Jahrtausende ansammeln, bilden Torf, aus dem ein Moor aufgebaut ist.

Niedermoore *(fens)* bilden sich, wenn der Boden durch hohen Grundwasserspiegel versumpft. Etwa 1000 km² Irlands sind noch von *fens* bedeckt, hauptsächlich im Landesinnern um den Lough Neagh. Viel stärker verbreitet sind die durch Regenwasser gespeisten *bogs*, bei denen *raised bogs* (Hochmoore) und *blanket bogs* (Deckenmoore) unterschieden werden. Durch die hohen Niederschläge werden die meisten Nährstoffe und Mineralien aus dem Torf herausgespült. Nur wenige Pflanzen können auf diesen nährstoffarmen, sauren Moorböden gedeihen. Fleischfressende Pflanzen wie der Sonnentau *(Drosera rotundifolia)* und das

Wilder Rhododendron fühlt sich auf Moorböden ausgesprochen wohl

Großblütige Fettkraut *(Pinguicula grandiflora)* bessern ihre karge Diät durch den Verzehr von Insekten auf.

Hochmoore (3000 km²) kommen überwiegen in Zentralirland vor und entstehen aus ehemaligen Niedermooren, die im Laufe der Zeit durch Torfmoose *(Sphagnum sp.)* immer weiter in die Höhe wachsen. Deckenmoore (8000 km²) legen sich im Laufe mehrerer tausend Jahre als relativ dünne Torfschicht über die Landschaft und sind vor allem für den Westen Irlands sowie gebirgige Regionen typisch. Vielerorts haben diese *blanket bogs* blühendes Kulturland unter sich begraben, das aus der Stein- und Bronzezeit stammt, als das Klima in Irland noch trockener war. Alte Siedlungen, vielerlei Gerätschaften, ganze Boote und durch Steinmäuerchen parzellierte Felder, die allesamt später von Torfmoosen überwuchert worden sind, kamen in jüngster Zeit durch den Torfabbau ans Tageslicht. Berühmt sind die archäologischen Ausgrabungen des *ancient farm system* von Céide Fields in der nördlichen Grafschaft Mayo.

Eine romantische Klosteranlage

Rund um Glendalough

Tief im Herzen der Wicklow Mountains führt der Weg durch ein abgeschiedenes Tal und über eine offene Anhöhe, wo der Wind über das Hochmoor hinwegfegt, zur idyllischen Klosteranlage von Glendalough.

DIE WANDERUNG IN KÜRZE

++ Anspruch

5.30 Std. Gehzeit

16 km Länge

Charakter: mittelschwer; größtenteils gute Wege, Bohlenwege durch versumpftes Gelände

Wanderkarte: OS Discovery Series, Blatt 56

Einkehrmöglichkeit: Café/Restaurant am Kloster

Anfahrt: von Laragh (am Schnittpunkt von R115, R755 und R756 gelegen) über die R756 knapp 2 km/1,2 mi nach Westen bis zur Straßengabelung, links nach Glendalough, vorbei am ersten Parkplatz und dem Besucherzentrum bis zum Ende der Asphaltstraße auf den Parkplatz am Upper Lake

Öffnungszeiten: Visitor Centre und Klosteranlage: Mitte Juni–Aug. tägl. 9–18.30, Mitte Mai–Mitte Juni und Sept. tägl. 10–18, Mitte März–Mitte Mai und Okt. tägl. 10–17, Nov.–Mitte März tägl. außer Mo 10–16.30 Uhr

Vom Parkplatz erreichen wir über einen asphaltierten Fußweg den nahen **Upper Lake** und folgen am Seeufer dem Weg nach links, wo eine Holzbrücke über ein munter plätscherndes Flüßchen führt. Die Wanderung setzt sich geradeaus auf dem Forstweg fort, doch zunächst machen wir einen kurzen Abstecher nach rechts zur **Reefert Church.** Die kleine romanische Kirchenruine (11. Jh.), die ihren Namen einer adeligen Begräbnisstätte (gälisch *Rioghfeart)* verdankt, steht inmitten eines Friedhofs mit alten Grabplatten aus Schiefergestein. Von dem kleinen Gotteshaus sind Teile von Chor und Langschiff erhalten; auf den vorspringenden Krag-

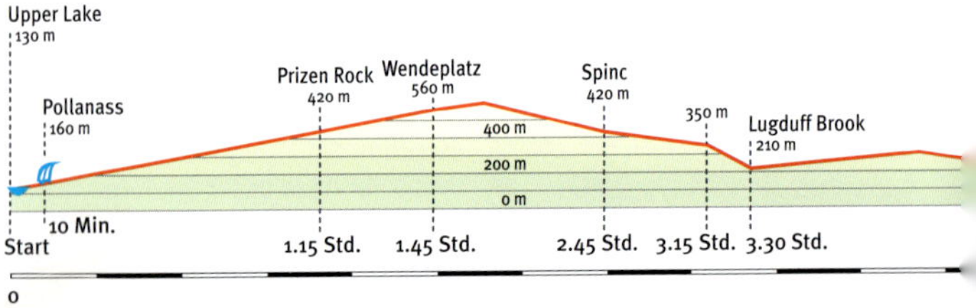

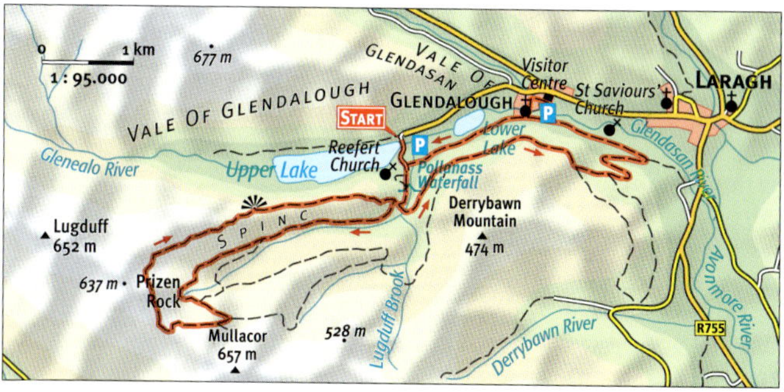

steinen an den Ecken ruhten einstmals die Dachsparren, ein typisch irisches Baumerkmal. Eine Steinmauer (gälisch *caiseal*) umgibt das idyllische Ensemble.

Wir kehren zur Brücke zurück und gehen rechts den Forstweg etwa 75 m hinauf, bis wir ihn in der ersten Rechtsbiegung verlassen und geradeaus auf einem Fußweg ansteigen. Entlang einer kleinen waldigen Schlucht, durch die der Lugduff Brook in Kaskaden herabstürzt, wandern wir bergauf. **Pollanass** (10 Min.) heißt der Wasserfall auf gälisch, wörtlich ›Mulde des Wasserfalls‹. Tief hat sich der Wildbach in das Schiefergestein eingeschnitten und wunderschöne Felsenbecken geschaffen. Winzige Glimmerpartikel verleihen dem Wasser einen blaßgrünen Farbton.

Wir gelangen wieder auf den Forstweg und erreichen nach einem weiteren Anstieg eine große Wegkreuzung,

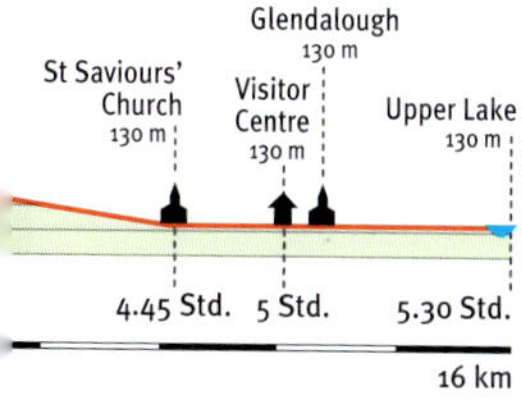

an der wir scharf nach rechts abbiegen. (Wer eine rund 2stündige, leichte Wanderung vorzieht, hält sich hier links und überquert auf einer Holzbrücke den Lugduff Brook; s. S. 18.) Auf einem schönen Forstweg geht es nun im Fichtenwald gemächlich empor. Nach einer halben Stunde halten wir uns an einer Weggabelung rechts. Am Talschluß schwenkt der Weg unterhalb schroffer **Felsen** (Prizen Rock; 1.15 Std.) nach links. Sogleich kommt eine Gabelung, an der wir rechts den teilweise vernässten, mit Gras und Binsen bewachsenen Weg hinaufgehen. Wir gelangen schließlich auf einen breiten Forstweg und folgen ihm nach rechts. Der Blick schweift in das waldige Tal hinab, durch das wir gekommen sind.

Bald geht es an einem breiten, nach links abzweigenden Weg vorbei geradeaus auf einem schönen Waldweg bergan. Am Waldrand biegt der Weg nach links und endet an einem **Wendeplatz** (1.45 Std.). Hier folgen wir dem Wegpfosten des Wicklow Way mit dem roten Pfeil nach rechts auf einen Bohlenweg, der in morastiges Gelände führt. Nach etwa 30 m teilt sich der Bohlenweg und wir biegen mit dem roten Pfeil nach rechts.

Der Bohlenweg führt zunächst durch das morastige Gelände und steigt dann an, ehe wir geradeaus den Wegspuren weiter hangaufwärts folgen. Bald kommt ein verrotteter Zaun mit Holzpfosten. Unmittelbar dahinter biegen wir leicht nach rechts, dem roten Pfeil auf einem Wegpfosten folgend, und wandern auf dem teils grasigen, teils steinigen alten Hangweg oberhalb des Zauns. Es bietet sich ein herrlicher Ausblick über das waldbestandene Tal, das im Osten von der baumlosen Kuppe des Derrybawn Mountain begrenzt wird. Schräg rechts können wir bereits den weiteren Wegverlauf am gegenüberliegenden Hang, etwas oberhalb des Waldrandes, erkennen.

Wir passieren weiße **Quarzitfelsen,** die beiderseits des Weges liegen. Kurz danach biegt unser Weg an einem Wegpfosten mit rotem Pfeil nach rechts und führt nun ziemlich steil den Hang hinab; die alten Holzpfosten begleiten uns weiterhin auf der rechten Seite. Herrlich ist der weite Ausblick über den offenen, mit Heide bedeckten Bergrücken. Im Nordosten erhaschen wir einen ersten Blick auf den Lower Lake tief unten im Tal; dahinter ist die Klosteranlage von Glendalough mit dem Rundturm erkennbar.

Während wir uns beim weiteren Abstieg allmählich dem Waldrand nähern, gelangen wir auf einen Bohlenweg. Dann geht es kurz unbefestigt über rutschige Schieferfelsen bergab, ehe wir erneut auf einem Bohlenweg weiterwandern; von links hinten mündet Wanderroute 2 ein. Bald bietet sich von einer Aussichtskanzel am **Spinc** (gäl. ›Felsspitze‹; 2.45 Std.) ein hinreißender Blick in das von Gletschern ausgeschürfte, steilwandige Trogtal von Glendalough. Tief unten im grünen Talgrund liegen die beiden Seen mit der Klosteranlage. Am Talschluß zeugen mächtige Abraumhalden von dem einst hier betriebenen Bergbau.

Nach weiterem Abstieg verläuft der Bohlenweg längere Zeit ohne größere Höhenunterschiede auf dem Bergrücken, der links jäh ins Tal abbricht. Schließlich steigen wir rechts über einen Zauntritt, um den Bergrücken zu verlassen. Der Bohlenweg führt sodann im Wald recht steil bergab. Wir gelangen schließlich auf den uns vom Hinweg bekannten Forstweg, dem wir nach links folgen. Alsbald erreichen wir wieder die große Wegkreuzung, die uns ebenfalls vom Hinweg bekannt ist. Geradeaus führen uns zwei Bohlenbrücken über den **Lugduff Brook** (3.30 Std.). Dahinter steigt unser breiter Forstweg allmählich an. Nach einer Viertelstunde geht es geradeaus an einem scharf nach rechts abzweigenden Weg vorbei. Unser Weg verläuft nun auf etwa gleichbleibender Höhe am Hang des **Derrybawn Mountain** und gewährt wunderschöne Ausblicke in das Tal von Glendalough und bis nach Laragh. Einige Holzbänke laden müde Wanderer zur beschaulichen Rast ein.

An einer Gabelung wandern wir nach links bergab. Auch an der nächsten Wegverzweigung halten wir uns links und wandern weiter bergab. Der Forstweg führt zunächst in einer Links-, dann in einer Rechtskehre den Hang hinunter. Hinter einer Schranke stoßen wir auf einen alten Weg und folgen dieser sogenannten Green Road nach links an bemoosten Steinmäuerchen entlang durch urwüchsigen Mischwald.

Nach etwa fünf Minuten weist rechts ein Schild den Weg zur **St Saviours' Church** (4.45 Std.). Dieser kurze Abstecher führt zu einer einsam in der Flußniederung gelegenen Kirchenruine hinab. Das romanische

Auf der Green Road: Diese alten, einst bedeutenden Verbindungswege werden seit dem Bau moderner Fahrstraßen kaum noch benutzt und sind heutzutage mehr oder weniger stark von Gräsern und Moosen bewachsen – daher ›grüne Straße‹.

Gotteshaus wurde 1162 von Augustinermönchen erbaut und läßt trotz seiner Zerstörung noch schöne Steinmetzarbeiten am Chorbogen und an den Fenstern erkennen. Interessant sind auch die sorgsam eingeritzten Graffiti, die frühe Touristen im 19. Jh. hinterlassen haben. Wir wandern auf der Green Road weiter, bis die nach rechts beschilderte Abzweigung zum **Visitor Centre** (5 Std.) kommt. Ein Holzsteg führt über den Glendasan River zum Besucherzentrum mit seiner sehenswerten Ausstellung, die überaus anschaulich das frühere Leben in der Klosteranlage dokumentiert.

Von hier folgen wir dem Fußweg über den Glendasan River und gelangen durch die Klosterpforte in den umfriedeten Klosterbezirk von **Glendalough**, einer der bedeutendsten frühchristlichen Stätten Irlands. Inmitten alter Grabsteine stehen hier die Ruinen verschiedener Kirchen, die bis ins 12. Jh. erbaut wurden. Über die beschauliche Anlage wacht der hohe, unglaublich schlanke Rundturm. Lange könnte man an diesem idyllischen Ort verweilen und zwischen den romantischen Ruinen umherstreifen, um die friedvolle Stimmung zu genießen.

Am unteren Ende der Anlage, bei einem Kirchlein mit Steindach und Rundturm (Saint Kevin's Church), führt uns ein Holzsteg über den Glenealo River auf die Green Road zurück. Wir wenden uns nach rechts, gehen sogleich an einem rechts abzweigenden, befestigten Fußweg vorbei und spazieren oberhalb des kleinen **Lower Lake** vorbei, gälisch *Loch Peist* (See der Bestie). Bald ist wieder der Parkplatz am **Upper Lake** (5.30 Std.) erreicht.

Das Kloster von Glendalough

Gleann dá Loch hieß das ›Tal der beiden Seen‹ in der alten Sprache der Iren. Hier ließ sich der heilige Caoimhghin (528–619) nieder, ein begüterter Angehöriger des Königshauses von Leinster. Der besser unter seinem anglisierten Namen bekannte

Der Round Tower von Glendalough ist weithin sichtbar

Kevin gründete ein Kloster, das zu einem der bedeutendsten frühchristlichen Zentren Irlands, ja ganz Europas aufblühte. Verstreut im Tal entstanden kirchliche Bauwerke; die eigentliche Klosteranlage entfaltete sich am Ufer des Lower Lake um den 31 m hohen Rundturm, dessen Eingang zur besseren Verteidigung 3,5 m über dem Erdboden liegt. Wiederholte Plünderungen durch die Wikinger zwischen 833 und 1014 konnten die Blüte Glendaloughs nicht verhindern. Einige tausend Mönche studierten hier gleichzeitig, viele von ihnen zogen später als Missionare auf das europäische Festland und gründeten dort neue Klöster. Von einem englischen Überfall im Jahr 1398, bei dem die Anlage stark zerstört wurde, konnte sich Glendalough jedoch nicht mehr erholen. Die Klosterruine fiel über Jahrhunderte in einen Dornröschenschlaf, aus dem sie erst durch die touristische Neuentdeckung im 19. Jh. erwachte.

Durch die alte Klosterpforte gelangt man in die umfriedete Anlage. Zu den bedeutendsten Bauwerken gehören neben dem Rundturm die Kathedrale (direkt gegenüber der Klosterpforte), das größte Gotteshaus auf dem Gelände. Den Rang einer Bischofskirche hatte sie bis Anfang des 13. Jh. Vor der Westseite der Kathedrale erhebt sich ein Steinkreuz; dahinter folgt das Priest's House, ein irisch-romanisches Gebäude (12. Jh.) mit schönem Sturzrelief aus sehr viel älterer Zeit über dem Eingangsportal. Ein besonders reizvolles Bauwerk des Ensembles von Glendalough ist St Kevin's Church (11./12. Jh.), die wegen ihres kaminähnlichen Glockenturms auch fälschlich als Kitchen (Küche) bezeichnet wird.

Zur Bleimine von Glendalough

Vom Upper Lake ins Glenealotal

Je weiter man ins wilde Glenealotal vordringt, desto einsamer wird es. Ein stiller See breitet sich am Fuße der Steilhänge aus, weiter oben tritt der Wald zurück, felsige Berghänge streben himmelwärts. Mauerreste und Gesteinshalden zeugen von einer alten Bleimine.

DIE WANDERUNG IN KÜRZE

++
Anspruch

3.30 Std.
Gehzeit

8 km
Länge

Charakter: mittelschwer; anfänglich guter Weg, dann steinig und teils vernässt. Die zweite Hälfte der Wanderung verläuft auf einem Bohlenweg *(board walk)*.

Markierung: die Route ist durchgehend, aber in unregelmäßigem Abstand mit weißen Pfeilen markiert.

Wanderkarte: OS Discovery Series, Blatt 56

Einkehrmöglichkeit: unterwegs keine

Anfahrt: von Laragh (am Schnittpunkt von R115, R755 und R756 gelegen) über die R756 knapp 2 km/ 1,2 mi nach Westen bis zur Straßengabelung, links nach Glendalough, vorbei am ersten Parkplatz und dem Besucherzentrum bis zum Ende der Asphaltstraße auf den Parkplatz am Upper Lake

Vom Parkplatz erreichen wir auf einem asphaltierten Fußweg den nahen **Upper Lake** und folgen am Seeufer dem Weg nach rechts. Wir überqueren auf einer Holzbrücke den Glenealo River, der den oberen mit dem unteren See verbindet. Dahinter biegen wir links auf das Asphaltsträßchen und folgen nun dieser so genannten Miners' Road. Nach einem Haus *(Education Centre)* endet die Asphaltierung und wir gehen geradeaus auf dem Schotterweg weiter.

Die stattlichen Kiefern am waldigen Ufer des Upper Lake wurden 1856/57 gepflanzt, als der Bergbau gerade aufzublühen begann und Grubenholz benötigt wurde. Wir dürfen uns heute darüber freuen, daß das Bergwerk seinen Betrieb einstellte, noch bevor diese Bäume gefällt wurden. Am gegenüberliegenden Seeufer öffnet sich in rund 10 m Höhe eine kleine dunkle Höhle, die als **Saint Kevin's Bed** verehrt wird. Diesen unzugänglichen Ort am waldigen Steilhang soll sich der Heilige einst zur asketischen Sinnsuche erwählt haben. In der Bronzezeit diente die Grotte wahrscheinlich als Höhlengrab.

Weiter rechts verflacht sich das gegenüberliegende Seeufer ein wenig. Hier liegen die Ruinen des **Teampall na Skellig,** was wörtlich ›Felsenkirche‹ bedeutet. Um das kleine Gotteshaus (7.–12. Jh.) müssen sich ursprünglich einige Wohngebäude geschart haben. Stufen führen von den Ruinen zum Seeufer

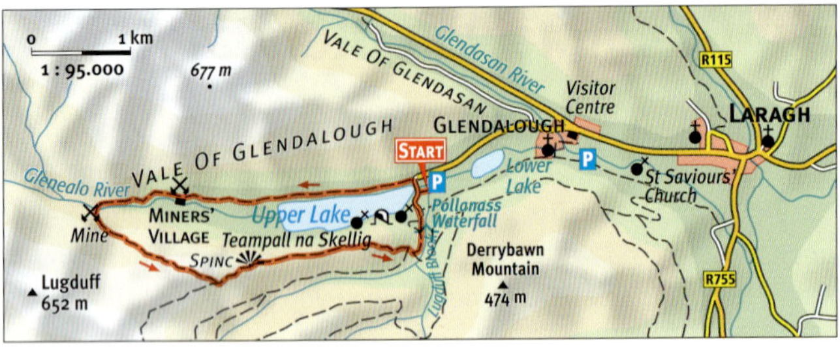

hinab, wo einst die Boote mit den Gläubigen anlegten. Dieser kleine Komplex war offenbar die Keimzelle für die große Klosteranlage, die später in der breiten Niederung am Lower Lake entstand.

Wir lassen schließlich das bewaldete Seeufer hinter uns. In der versumpften Flußniederung zur Linken ist ein quadratisches Wasserbecken erkennbar, das einst als Klärbecken für die Erzwäsche des Bergwerks diente. Im weiteren Verlauf des Glenealotals vollzieht sich an den Hängen ein abrupter Gesteinswechsel: Nackter Granit löst den dicht mit Heidekraut bedeckten Schiefer ab. An der Kontaktzone beider Gesteine kam es zu reichen Vererzungen. Hier und in den Nachbartälern Glendasan und Glenmalure wurden im 19. Jh. neben Blei vor allem Zink, Kupfer und Silber abgebaut. Allmählich nähern wir uns Abraumhalden aus taubem Gestein, die von einer großen Zeche zeugen. Einige Hausruinen im Talgrund sind alles, was von der **Miners' Village** (30 Min.) erhalten geblieben ist. Der befahrbare Weg endet hier.

Von der Bergwerkssiedlung wandern wir auf der rechten Flußseite weiter und umgehen mächtige Felsbrocken. Ein alter, stellenweise noch steingepflasterter **Grubenweg** führt nun in steilen Kehren bergauf. Links vor uns kommt die Abraumhalde bei einer weiteren verfallenen Bergwerkssiedlung in Sicht. Der alte Grubenweg setzt sich deutlich erkennbar auf der gegenüber liegenden Talseite fort, doch ist die Flußbrücke über den Glenealo schon lange zerstört. Unser Wanderweg verläuft daher weiter entlang der rechten Flußseite. Wir steigen über Granitsteine auf und überqueren auf Holzstegen mehrere Seitenbäche. Ein großer Holzsteg führt uns schließlich nach links über den Glenealo River und wir passieren einige Hausruinen, die zur alten **Mine** (1.30 Std.) gehören.

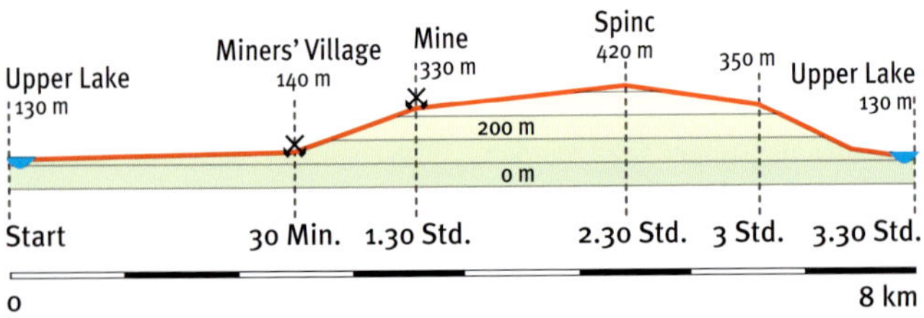

Am Upper Lake

Die Wanderroute führt nun an der südlichen Talseite hangaufwärts. Bald gelangen wir auf einen Bohlenweg, der uns stetig ansteigend durch morastiges Gelände führt. Kurz nach der höchsten Stelle vereint sich unser Weg mit Wanderroute 1 (roter Pfeil), die von rechts heranführt, und wir wandern geradeaus bergab. Bald bietet sich von einer Aussichtskanzel am **Spinc** (gäl. ›Felsspitze‹; 2.30 Std.) ein großartiger Blick in das von Gletschern ausgeschürfte, steilwandige Trogtal von Glendalough. Tief unten im grünen Talgrund liegen die beiden Seen mit der Klosteranlage, weiter flußaufwärts die Miners' Village.

Nach weiterem Abstieg verläuft der Bohlenweg längere Zeit ohne größere Höhenunterschiede auf dem Bergrücken, der links jäh ins Tal abbricht. Schließlich steigen wir rechts über einen **Zauntritt** (3 Std.), um den Bergrücken zu verlassen. Der Bohlenweg führt nun im Wald recht steil bergab. Wir gelangen schließlich auf einen Forstweg, dem wir nach links folgen. Alsbald erreichen wir eine große **Wegkreuzung** (3.15 Std.) und biegen nach links. Wir verlassen den Forstweg schon bald und folgen einem Wegweiser ›Pollanass‹ nach rechts. Ein Fußweg führt entlang der kleinen, waldigen Schlucht hinab, durch die der Lugduff Brook in Kaskaden herabstürzt. **Pollanass** heißt der Wasserfall auf gälisch, wörtlich ›Mulde des Wasserfalls‹.

Am Ende der Schlucht gelangen wieder auf den Forstweg, gehen geradeaus weiter und überqueren eine Brücke. Vor uns liegt der **Upper Lake,** rechts davon der Parkplatz (3.30 Std.).

Im Rebellenland

Gemütliche Wanderung rund um Laragh

Im Schnittpunkt waldiger Täler liegt das Dörfchen Laragh. Die Umgebung bietet rauschende Flüsse, schattige Wälder, offene Anhöhen und Weiden, auf denen Schafe hinter Steinmäuerchen grasen. Unterwegs eröffnen sich herrliche Ausblicke auf die Wicklow Mountains.

DIE WANDERUNG IN KÜRZE

++
Anspruch

4.30 Std.
Gehzeit

17 km
Länge

Charakter: mittelschwer; gute Wege und Sträßchen, gemächliche Anstiege

Markierung: die erste Hälfte der Strecke führt über den Wicklow Way, der mit schwarzen Holzpfosten, die ein gelbes Wandersymbol und Pfeile in beide Richtungen zeigen, markiert ist

Wanderkarte: OS Discovery Series, Blatt 56

Einkehrmöglichkeiten: Rose's Tea Room in Annamoe; Pub Lynham und Tea Room in Laragh

Anfahrt: Laragh liegt wenige Kilometer östlich von Glendalough am Schnittpunkt der R115, R755 und R756

Von der zentralen Straßenverzweigung am **Pub/Hotel Lynham** in **Laragh** folgen wir der Straße in Richtung Wicklow Gap/Glendalough etwa 100 m, bis wir vor der **Emo-Tankstelle/Shop** schräg rechts das Sträßchen hinaufgehen. An der Verzweigung kurz vor der **St Kevin's Church,** einem katholischen Gotteshaus aus der Mitte des 19. Jh., biegen wir scharf rechts auf einen Forstweg ab, der hinter einem Holzgatter und einer gelb-schwarzen Eisenschranke beginnt. Bald beschreibt der Weg eine Linksbiegung. Wenige Minuten danach zweigen wir rechts auf einen Pfad ab, der durch den Wald verläuft und den **Glenmacnass River** (15 Min.) auf einem Holzsteg überquert. (Falls man diesen Pfad nicht findet, geht man kurz auf dem Forstweg weiter, bis man den Wicklow Way kreuzt und ihm nach rechts folgt.) Auf dem Wicklow Way gehen wir zu einer Fahrstraße empor, der wir nach links folgen.

Wir befinden uns nun auf der alten **Military Road**, die die Engländer

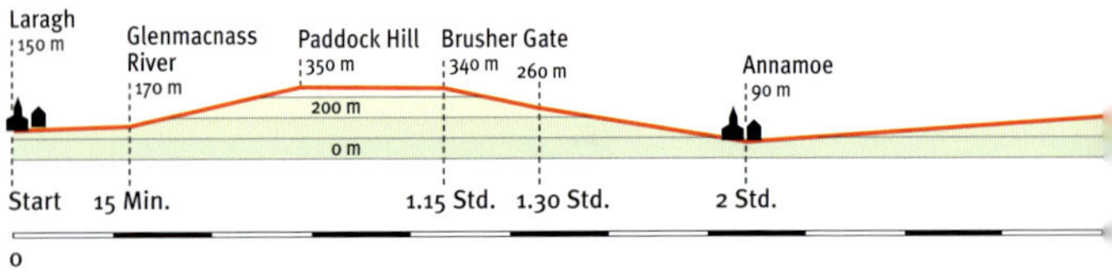

wenige Jahre nach dem Aufstand von 1798 quer durch die Wicklow Mountains bauen ließen, um eine bessere Kontrolle über das Bergland zu erlangen. Seit jeher hatten sich Räuber und Banditen, aber auch irische Freiheitskämpfer, die sich nicht der englischen Krone unterwerfen wollten, in die unwegsame Wildnis der Wicklows zurückgezogen. Kleinere Scharmützel, bei denen die Engländer fast immer den kürzeren zogen, waren an der Tagesordnung. Kasernen säumten fortan in regelmäßigen Abständen die neue Militärstraße, und dem unhaltbaren Zustand ward ein rasches Ende beschieden.

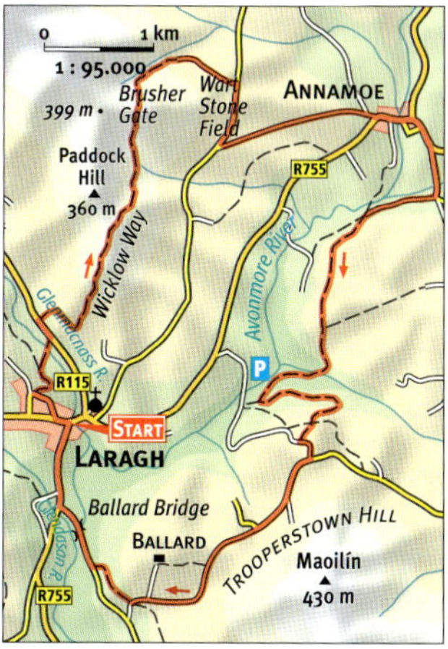

Wir nehmen den ersten rechts abzweigenden Forstweg (gelb-schwarze Eisenschranke), verlassen ihn nach kurzer Zeit in einer Linksbiegung und folgen dem markierten Pfad den Hang hinauf. Wir steigen über einen Zauntritt und wandern weiter bergauf. Rückblickend bietet sich eine gute Sicht auf Laragh, das unten im Tal am Zusammenfluß dreier Flüsse liegt (gälisch *An Láithreach* – die Flußverzweigung). Jenseits des Avonmoretals, das sich nach Süden fortsetzt, ist im Südosten die baumlose Bergkuppe des Trooperstown Hill erkennbar; im Nordwesten erstreckt sich das waldige Glenmacnasstal.

Der Pfad führt den mit Farn und Heide bewachsenen Hang des **Paddock Hill** empor (die eigentliche Anhöhe bleibt links liegen) und dann links am Rand einer Fichtenschonung entlang. Schließlich verlassen wir den Waldrandweg und biegen links auf den Pfad ein, der quer über den farnbestandenen Hang verläuft. Am Anfang einer Fichtenschonung steigen wir geradeaus über einen Zauntritt; rechts verlaufen ein Graben und ein Zaun. Bald überqueren wir unmittelbar hintereinander zwei Weidetritte: zunächst geradeaus, dann nach rechts. Hier, am sogenannten **Brusher Gate** (1.15 Std.), sollen angeblich Michael Dwyer und seine Mannen heimlich Lebensmittel erhalten haben. Nach dem Aufstand von 1798 hielten diese Rebellen die englische Administration für einige Jahre in Schach.

Auf einem Feldweg geht es nun bergab. Hinter einem Eisengittertor mit Zauntritt passieren wir ein Gehöft. Rechts kommt das sogenannte **Wart Stone Field,** auf dem eine Granitplatte mit beckenförmiger Vertiefung liegt. Steine dieser Art heißen gälisch *balláns* (anglisiert *bullauns)* und finden sich häufig in der Nähe alter Klöster und frühchristlicher Stätten. Ihre einstige Bedeutung ist

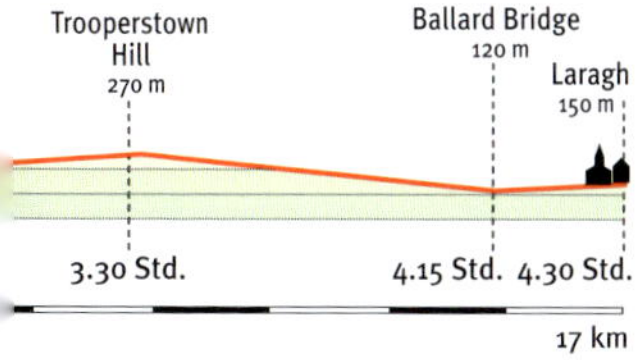

In den Wicklow Mountains

rätselhaft, aber vermutlich dienten sie zum Mahlen von Getreide.

Wir stoßen auf ein **Asphaltsträßchen** (1.30 Std.), trennen uns hier vom Wicklow Way und gehen rechts weiter. Nach knapp zehn Minuten biegen wir scharf links auf einen Feldweg ab, der vor einem rostigen Eisentor beginnt. Für die linke der beiden Granitsäulen, die das Tor einrahmen, hat man einen alten Menhir zweckentfremdet. Der Weg führt gemächlich zu der kleinen Häuseransammlung **Annamoe** (2 Std.) hinab. Wir gehen geradeaus die Straße am Annamoe House vorbei; gegenüber lädt Rose's Tea Room zu *home-made scones* ein. Kurz hinter der Brücke über den Avonmore River nehmen wir rechts die Abzweigung mit dem Wegweiser ›Wicklow R763‹.

Bald kommt eine Straßengabelung, an der wir uns rechts halten. Bei der Brücke, die im Tal über einen Bach führt, steht ein **Gedenkstein** für Andrew Thomas (1776–1800). Er gehörte zu den Rebellen des Aufstands von 1798 und war einer der Freiheitskämpfer um Michael Dwyer. Kurz danach verlassen wir die Straße in einer Linksbiegung (unmittelbar vor einem alten Steinportal) und zweigen rechts auf einen Fahrweg ab.

Wir gehen stets geradeaus, passieren schließlich eine gelbschwarze Eisenschranke sowie ein Holzgatter und wandern gemächlich im Wald bergan. Der Forstweg verläuft dann auf gleichbleibender Höhe am Hang, bis wir an einem Abzweig nach links vorbeigehen. Nun wandern wir allmählich bergab, passieren schließlich eine weitere gelbschwarze Eisenschranke, überqueren einen **Bachlauf** auf einem Brückchen und marschieren auf dem Hauptweg weiter. Wir nehmen die erste Abzweigung scharf nach links und folgen diesem Weg stetig bergauf, vorbei an einer scharfen Linksabzweigung. Wir stoßen auf einen Querweg und gehen links ansteigend weiter.

Bald gelangen wir auf eine Querstraße, treten hier aus dem Wald und wandern rechts weiter. Zu unserer Linken erhebt sich der **Trooperstown Hill** (3.30 Std.), dessen Name auf den gleichnamigen Ort an seiner Ostflanke verweist. Um 1800 ließen die Engländer hier eine Kaserne erbauen. Auf Gälisch heißt der Berg ganz passend *Maoilín* – kleine kahle Anhöhe.

Während wir auf dem Sträßchen dahinwandern, bietet sich ein herrlicher Blick auf Laragh, und sogar der Rundturm von Glendalough ist zu sehen. Wir gehen an einem nach links abzweigenden Weg vorbei. An einer Gabelung, an der rechts ein Schild mit der Aufschrift ›Cul de sac‹

steht, marschieren wir links ansteigend auf der Schotterstraße weiter und genießen weiterhin die wunderschöne Aussicht auf die Landschaft um Laragh. Die Schotterstraße beschreibt eine Rechtskurve und führt bergab. Es geht an der rechts abzweigenden Zufahrt zu den wenigen Häusern von Ballard vorbei. Kurz danach verlassen wir die Schotterstraße in einer Linksbiegung und gehen rechts auf einem Seitenweg weiter, der von links heranführt.

Unten im waldigen Tal gelangen wir dann auf eine Fahrstraße, laufen nach rechts weiter und überqueren den Avonmore River auf der **Ballard Bridge** (4.15 Std.). Bald stoßen wir neben der Bookey Bridge auf eine Querstraße und biegen nach rechts. Dann haben wir wieder die Ortsmitte von **Laragh** (4.30 Std.) erreicht. Auf dem Common, der für englische, nicht jedoch irische Dörfer typischen Allmende, kann man sich bei schönem Wetter zum *cream tea* in die Sonne setzen.

Larragh

Der Ort begann sich vor 200 Jahren um eine englische Kaserne zu entwickeln, die 1801 an der Laragh Bridge erbaut wurde. An dieser Stelle führte die Military Road, von Dublin kommend, über den Glenmacnass River weiter nach Süden durch die Wicklow Mountains. Mitte des 19. Jh. war Laragh bereits eine blühende Gemeinde mit einer Kirche, einem Pub und einer Wassermühle. Die Nähe zu Glendalough, das damals gerade von den ersten Touristen entdeckt worden war, ließ den Ort weiter aufblühen. Man begann sich auf den Fremdenverkehr einzustellen, Pensionen und *tea rooms* wurden eröffnet, ein zweites Pub kam hinzu. Auch die Forstwirtschaft beschert heute den Einwohnern Brot und Arbeit, wurden doch viele Berghänge in den letzten 50 Jahren systematisch mit Nadelhölzern aufgeforstet.

Tour 4

In den Wicklow Mountains

Von der Sally Gap Road zum Lough Dan

Ein abgeschiedenes Flußtal, verträumte Cottages, Schafe auf saftig-grünen Weiden, alte Steinmäuerchen und ein einsamer See zwischen hohen Bergen erwarten uns auf dieser beschaulichen Wanderung.

DIE WANDERUNG IN KÜRZE

\+ Anspruch

2.15 Std. Gehzeit

7 km Länge

Charakter: einfach; gute Wege und Sträßchen, unterwegs ist allerdings ein Flüßchen auf Trittsteinen zu überqueren, was je nach Wasserstand nicht ganz leicht ist; notfalls muß man hindurchwaten

Wanderkarte: OS Discovery Series, Blatt 56

Einkehrmöglichkeiten: keine

Anfahrt: von der R755 (Roundwood/Kilmacanoge) genau 3 km/1,8 mi auf der R759 (Sally Gap Road) bis zu einem Privatsträßchen, das am westlichen Straßenrand an einem Tor in einer Steinmauer beginnt.; hier steht ein Schild ›Access to Lough Dan is permitted on foot only. Private road. Motor cars prohibited‹; Parkmöglichkeit am Straßenrand (Einfahrt nicht blockieren!) oder auf einem Parkplatz die Straße etwas weiter hinauf.

An der **Sally Gap Road** durchschreiten wir das *kissing gate* für Fußgänger neben dem Tor und folgen dem Asphaltsträßchen in das weite, offene Tal des Cloghoge River hinunter. Am Wegesrand stehen einige Weißdornbüsche; vereinzelt liegen Granitblöcke auf den heidebedeckten Hängen. Jenseits des Tales erhebt sich der Luggala (Fancy Mountain). Über seine grasbewachsenen Abhänge ziehen sich regelmäßige rillenförmige Vertiefungen, so genannte *lazy beds*, die vom früher hier betriebenen Ackerbau zeugen (s. S. 10f.). Nach etwa fünf Minuten ist links ein kleines rechteckiges Feld zu sehen. Auf alten Karten ist an dieser Stelle eine Polizeikaserne verzeichnet. Völlig aberwitzig in dieser

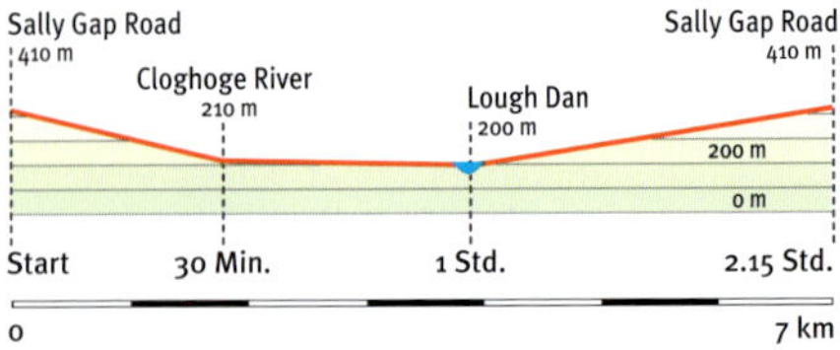

einsamen Gegend, möchte man meinen, und doch gab es bis zur großen Hungersnot fast 40 Gehöfte im Cloghogetal und fast ebenso viele im Südosten an den Abhängen des Sleamaine.

Wir erreichen ein **Cottage,** das ursprünglich als Wärterhaus erbaut wurde und später als Postamt diente. Geradeaus führt ein Privatsträßchen zur Luggala Lodge am Lough Tay, wir jedoch biegen scharf nach links und folgen diesem Sträßchen weiter ins Tal hinab. Bald passieren wir den schönen Mauertritt neben einem Tor. Wir nähern uns einem umfriedeten Gehöft und wandern über eine Wegkreuzung hinweg geradeaus auf dem Feldweg weiter. Idyllisch steht ein einsames Cottage zwischen vereinzelten Kiefern rechts am Hang.

Der Weg führt in die Flußniederung hinunter und überquert auf einer Holzbrücke den **Cloghoge River** (30 Min.). An den Abhängen des Luggala sind nun die *lazy beds* in aller Deutlichkeit erkennbar. Am Wegesrand liegt eine Pferdekoppel, die von einer schönen Steinmauer umgeben ist. Bald überqueren wir auf einer **Holzbrücke** den Cloghoge Brook, steigen neben dem mittleren Eisengittertor über einen Zauntritt und laufen geradeaus auf dem grasbewachsenen Weg weiter.

Am Ende des kleinen Wäldchens zur Linken kommen auf dem Wiesenhang unterhalb der Steinmauer die Überreste einer kleinen **Ansiedlung** in Sicht. Ein Durchlaß in der Mauer gewährt Zugang zu diesem verfallenen Weiler, der bis zur großen Hungersnot von drei Familien bewohnt wurde. Man kann noch einen Teil des Mauerwerks mit Türen und Fenstern, den alten Wegverlauf sowie den ehemaligen Wasserkanal er-

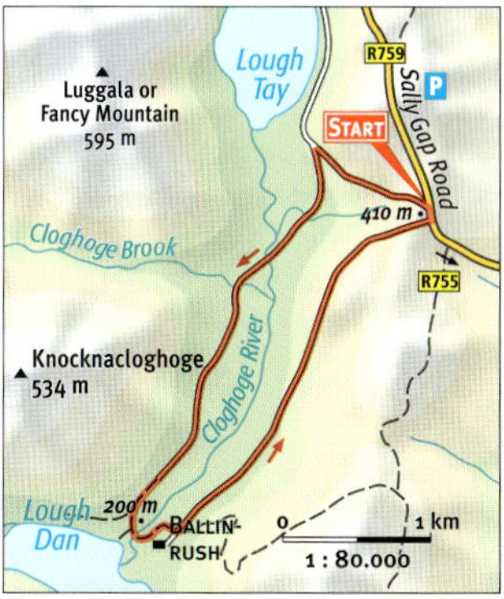

kennen. Auf den umliegenden Hängen, wo heute Schafe friedvoll grasen, wurden einst Kartoffeln angebaut, bis Mitte des 19. Jh. die Kartofelfäule zahlreiche Ernten vernichtete, große Hungernöte zur Folge hatte und diese Gegend weithin entvölkert wurde. Es waren schottische Siedler, die sich damals im Cloghogetal niedergelassen hatten; während der Hungersnot wanderten die meisten von ihnen nach Kanada aus.

Wir gehen auf dem alten Weg weiter. Nach knapp 100 m kommt am rechten Wegesrand eine rechteckige Öffnung, aus der das Quellwasser austritt, das einst die kleine Ansiedlung versorgte; heutzutage wird es direkt ins Tal abgeleitet. Oberhalb der grünen Talung verläuft unser Weg geradlinig am Hang, auf der linken Seite von einer wunderschönen, mit Zinnen bewehrten Steinmauer begleitet. Der Flußlauf wurde vor langer Zeit begradigt, um den nassen Talgrund trockenzulegen. Auf den saftigen Wiesen fallen einige runde Steingebilde auf, in deren Mitte früher jeweils ein Baum gestanden hat. Ihre ursprüngliche Funktion gibt Rätsel auf. Waren es Lesesteinhaufen, die als schattige Sitzgelegenheit dienten?

Weitere verfallene Gehöfte liegen am Wegesrand, von denen das nächste besonders sehenswert ist. Ein **Quellaustritt** kündet diese Hausruine auf der rechten Seite an. Man kann noch den alten Kamin erkennen, neben dem das Mehl trocken gelagert wurde. Hinter dem Haus liegt der typische, von einer Steinmauer umgebene Hausgarten *(haggard)*.

Wir passieren zwei Eisengittertore (bitte wieder schließen!) und nähern uns einem Cottage mit Fensterläden, das sich unter dem Geäst eines großen Ahornbaums duckt. Von hier sind es nur ein paar Schritte bis zum einsamen Gestade des **Lough Dan** (1 Std.), wo der Cloghoge River in den See mündet. Silbergrau liegt die Wasserfläche zwischen steilen Berghängen. Plötzlich bricht die Sonne durch die rasch dahinziehenden Wolken, taucht die Landschaft für einen Augenblick in gleißendes Licht und läßt die Berge gegen den dunklen Himmel leuchten. Der blühende Stechginster erstrahlt in hellem Gelb, rötlich leuchtet die Heide an den Hängen. Bei einer beschaulichen Rast am Seeufer kann man die seltsam weltentrückte Stimmung auf sich wirken lassen.

Direkt östlich des Cottage (auf der gegenüberliegenden Flußseite ist ein Zaun mit Tafel ›private‹ zu sehen) gilt es nun den **Cloghoge River** auf Trittsteinen zu überqueren. So harmlos es auf den ersten Blick auch aussehen mag, ist dies doch kein ganz leichtes Unterfangen. Bei Nässe können sich die Steine als recht rutschig erweisen, und überhaupt erfordert das Balancieren ein gewisses Geschick. Am sichersten überquert man die Steine zügigen Schrittes, aber wer Bedenken hat, sollte doch besser gleich Schuhe und Strümpfe ausziehen, um den Fluß zu durchwaten.

Am jenseitigen Ufer folgen wir einem Pfad durch das Wäldchen empor und links an einem eingezäunten Gehöft vorbei, in dem eine alten Dreschmaschine verrostet. Vor dem Eingangstor zum Anwesen **Ballinrush** gelangen wir auf einen Fahrweg, dem wir nach links folgen. Dieser bequeme Weg bringt uns zum Ausgangspunkt der Wanderung zurück, so daß wir nun stets geradeaus an allen Abzweigungen vorbeimarschieren. Kurz nach einem rechts oberhalb des Weges stehenden Häuschen sehen wir links unten am Hang vier Stützen, die einst einen Vorratsspeicher trugen und dessen Inhalt vor gefräßigen Nagern schützten. Vier mächtige Buchen recken sich dahinter aus einer Hausruine.

Der Weg steigt allmählich an und führt durch ein **Eisengittertor.** Über das offene Tal des Cloghoge River schweift der Blick zu zwei baumlosen Anhöhen, links der Knocknacloghoge und rechts der Luggala. Auf der Ostseite dieses gewaltigen Granitberges hat ein Gletscher ein steilwandiges Kar ausgeschürft. An der mit Geröll übersäten Felsscharte, zu deren Füßen der abgeschiedene Lough Tay liegt, suchen Kletterer ihre Herausforderung. Kein geringerer als Fürst von Pückler-Muskau war es, der Anfang des 19. Jh. als erster diesen Berg beschrieb und anmerkte, daß sich die gewaltige Scharte aus einem bestimmten Blickwinkel leibhaftig zu öffnen scheine. Nach weiterem Anstieg mündet unser Weg schließlich wieder in die **Sally Gap Road** (2.15 Std.), wo unsere Wanderung begann.

Leuchtfeuer am Schafskopf

Vom Black Gate zum Leuchtturm am Sheep's Head

Grandioses Finale des Sheep's Head Way ist die einsame Landspitze der Halbinsel mit ihren spektakulären Klippen, zerklüfteten Bergrücken und einsamen Moorseen. Großartig sind die Ausblicke über die weiten Meeresbuchten zu den benachbarten Halbinseln.

DIE WANDERUNG IN KÜRZE

++ Anspruch

6 Std. Gehzeit

16 km Länge

Charakter: Überwiegend Pfade oder alte Wege durch morastiges Gelände

Wanderkarte: OS Discovery Series, Blatt 88

Markierung: Wegpfosten und Zeichen des Sheep's Head Way

Einkehrmöglichkeiten: Sheep's Head Café am Parkplatz vor dem Leuchtturm (nur in der Saison)

Anfahrt: Von Durrus (an der R591 gelegen) auf der Sheep's Head Peninsula über Ahakista und Kilcrohane bis zur Straßengabelung am Black Gate (Schild) bei Letter East. Links steht hier ein altes Steinhaus, das als Museum/Heritage Centre eröffnet werden soll. Davor gibt es Parkmöglichkeiten.

Ausgangspunkt ist das zukünftige Museum/Heritage Centre am **Black Gate.** Hier an der Straßengabelung folgen wir schräg links der Hauptstraße in Richtung ›Lighthouse‹ (Wegweiser). Bald mündet von links der Sheep's Head Way in die Straße. Wir laufen noch wenige Minuten geradeaus weiter, bis wir den Wegzeichen nach rechts über einen Mauertritt folgen und dann den Feldweg hinaufgehen. Die Wegzeichen und Pfosten des Sheep's Head Way dienen auf den nächsten fünf Stunden der Orientierung. Wir erreichen sogleich eine Farm, biegen hier nach links und kommen an einem Cottage vorbei. Dann wandern wir stets hangparallel auf einem ziemlich durchnässten Pfad, der uns an einer versumpften Anhöhe mit dem kleinen Sron Lough vorbeiführt. Schließlich taucht rechts unten in einer Niederung der Laharadda Lough auf.

Wir überqueren eine Trittleiter, gelangen auf ein **Sträßchen** (1 Std.) und folgen ihm etwa 50 m nach links, ehe wir rechts den Weg hinaufgehen. Er führt zunächst an einer Häusergruppe vorbei und dann in die offene Landschaft. Es geht nun längere Zeit an einem Weidezaun entlang. Ansteigend erreichen wir eine Anhöhe, auf der die Ruine eines **Signal Tower** liegt (1.45 Std.). Ein schwerer Sturm brachte das Gebäude 1990 zum Einsturz. Danach setzt sich der Sheep's Head Way als schmaler Pfad auf dem Bergrücken fort.

Ein trigonometrischer Punkt markiert den Gipfel des **Ballyroon Mountain** (2 Std.). Der weite Rundblick in al-

Der Leuchtturm am Sheep's Head

le Richtungen ist grandios. Die gesamte Halbinsel Sheep's Head ist aus dieser Perspektive erkennbar; nach Norden reicht die Sicht über die Bantry Bay zur Beara Peninsula und nach Süden über die Dunmanus Bay zur Halbinsel Mizen Head. In einer Niederung am Hangfuß liegt der stille **Doo Lough** (gäl. ›schwarzer, dunkler See‹) ausgebreitet. Der Pfad setzt sich weiter auf dem Bergrücken fort. Bald erreichen wir ein kleines, halb verfallenes Häuschen, das im Zweiten Weltkrieg als Ausguck diente. Von hier aus bestand eine Telefonverbindung nach Bantry, so dass rechtzeitig vor verdächtigen Schiffen und Flugzeugen gewarnt werden konnte. Irland war in jener Zeit, die man als ›Emergency‹ (Ausnahmezustand) bezeichnete, zwar offiziell neutral, aber man war doch für alle Fälle gewappnet.

Wir wandern zu einem **Parkplatz** mit WC-Häuschen hinab (2.15 Std.), wo eine Sitzbank zur Rast einlädt. Hier endet die offizielle Fahrstraße, was diesem Wendeplatz den Namen Turning Table eingetragen hat. Der Blick fällt auf die kleine, einsam gelegene Häusergruppe von Tooreen (gäl. ›kleine Grünfläche, Schafweide‹) hinab, deren Bewohner sich wie am Ende der Welt fühlen dürften.

Wir gehen das Sträßchen bis zur ersten Linksbiegung hinunter und dann geradeaus auf Pfaden weiter. Bald folgt unsere Route ungefähr dem Verlauf einer Stromleitung. Rechts taucht unvermittelt der Lough Akeen (gäl. ›See am Vorgebirge‹) in einer Niederung auf. Ein Holzsteg führt uns durch die morastige Senke. Wir erreichen eine kleine, kreisförmig mit weißen Steinen eingefasste Hangverflachung, die als Hubschrauberlandeplatz dient. Zunächst gehen wir hier schräg rechts zwischen Felsen hindurch und dann über Treppen zum **Leuchtturm** hinab (3 Std.), der auf einer Klippe an der zerklüfteten Landspitze **Sheep's Head** steht. Von hier aus lassen sich gut Wale und Delfine beobachten, insbesondere im Spätsommer und Frühherbst. Der Leuchtturm wurde in den 1960er Jahren von Gulf Oil erbaut, einem Mineralölkonzern, der auf Whiddy Island in der Bantry Bay ein großes Ölterminal zur Versorgung des Flughafens Shannon errichten ließ. Das Leucht-

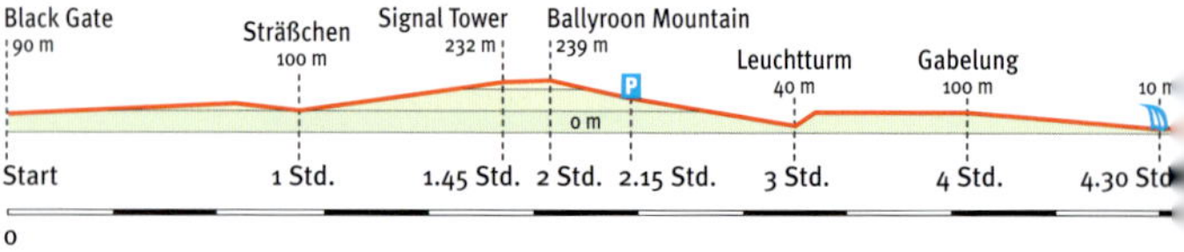

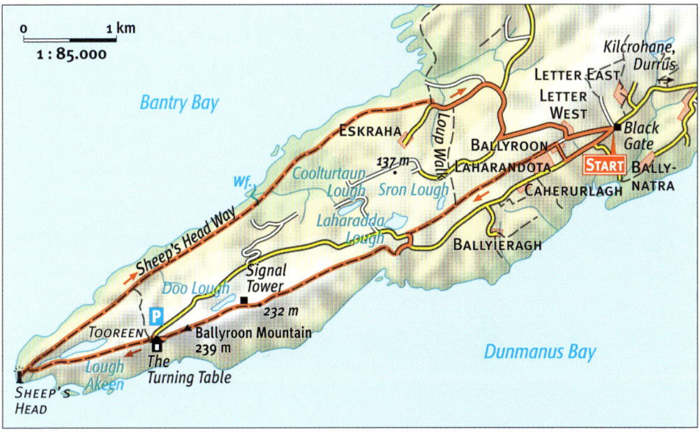

feuer sicherte die Einfahrt der großen Öltanker in die Meeresbucht.

Wir kehren zum Hubschrauberlandeplatz zurück und folgen unmittelbar dahinter schräg links dem Sheep's Head Way in eine Senke hinab. Die Route verläuft nun durch die lang gestreckte, morastige und von steilen, felsigen Flanken eingefasste Talsenke. Immer wieder müssen wir versumpfte Bereiche umgehen, um den Pfaden in der Niederung halbwegs trockenen Fußes zu folgen. An einem kleinen See geht es dicht am Steilabbruch der Klippen vorbei; tief unten ist die Brandung zu hören.

Wir erreichen schließlich eine **Gabelung** (4 Std.), an der der Loop Walk nach rechts zum Parkplatz führt, wir jedoch halten uns links auf dem Hauptwanderweg. Rechts tauchen auf einer Hangschulter die Ruinen von drei alten Steinhäusern auf; Steinmäuerchen umgeben aufgelassenes Kulturland in der Niederung.

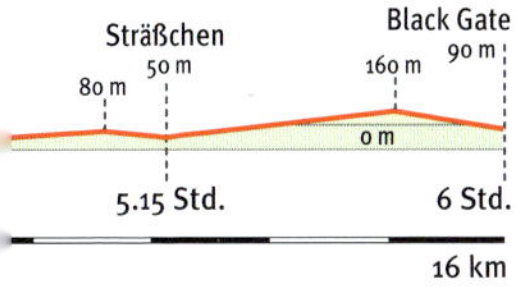

Die Landschaft weitet sich nun allmählich. Verstreut an den Hängen zur Rechten stehen bewohnte Häuser. Der Pfad führt zu den Klippen an der Küste hinab; ein Flüsschen ergießt sich über einen rauschenden **Wasserfall** ins Meer (4.30 Std.). Eine Trittleiter führt uns über das Flüsschen.

Wir wandern wieder hangaufwärts und überqueren eine Anhöhe, wo sich der Blick in die nächste Talniederung öffnet. Wir steigen über einen Zauntritt neben einem Gatter und gehen auf einem Feldweg weiter, der nahe einem Haus in ein Sträßchen mündet (5.15 Std.). Nun trennen wir uns vom Sheep's Head Way, der nach links führt, und gehen geradeaus auf dem Sträßchen weiter. Nach etwa 100 m zweigt rechts der Poet's Way (Loop Walk) über einen Zauntritt ab, doch wir bleiben auf dem Sträßchen. Es geht an einer Linksabzweigung (ausgeschildert nach Bantry) vorbei. Weiter ansteigend folgen wir dem Sträßchen um eine Linksbiegung und passieren eine Rechtsabzweigung. Bald überqueren wir den Bergrücken. Nun öffnet sich ein herrlicher Blick über die Dunmanus Bay hinweg zur Halbinsel Mizen Head. Dann geht es zum **Black Gate** zurück (6 Std.).

Zur Bardenschule der O'Dalys

Von Ahakista nach Kilcrohane

Von den lieblichen Wiesenhängen an der Küste mit ihren Weilern und Farmhäusern geht es auf den rauen Bergrücken der Halbinsel mit seinem einsamen Moorland und herrlichen Ausblicken. Ein mächtiges Ringfort, ein mystischer Steinkreis und die Überreste einer mittelalterlichen Bardenschule tragen zum Reiz der Wanderung bei.

DIE WANDERUNG IN KÜRZE

+++
Anspruch

8.45 Std.
Gehzeit

26 km
Länge

Charakter: teils Sträßchen, teils weglos durch anmooriges Gelände. Gute Sicht erforderlich, um die Wegpfosten zu finden. Technisch unschwierig, aber angesichts der Länge ist Ausdauer erforderlich.

Wanderkarte: OS Discovery Series, Blatt 88

Markierung: Wegpfosten und Zeichen des Sheep's Head Way

Einkehrmöglichkeiten: mehrere Pubs in Kilcrohane

Anfahrt: Ahakista liegt westlich von Durrus auf der Sheep's Head Peninsula. Parkplatz mit Informationstafel und Telefonzelle neben der Bar Arundel's

Von der **Bar Arundel's** in **Ahakista** gehen wir 100 m auf der Straße weiter, bis wir an der Gabelung nach rechts biegen (Wegweiser u.a. zur ›Ahakista Church‹). Nach der **Kirche** (15 Min.) mündet der Sheep's Head Way am zweiten Abzweig von links in unsere Straße ein. Wir gehen geradeaus weiter und folgen nun den Markierungspfosten. An der nächsten Abzweigung (Wegweiser nach ›Bantry‹) biegen wir mit dem Sheep's Head Way nach links. Wir folgen dem Sträßchen etwa zehn Minuten, bis uns die Markierung nach rechts weist.

Auf schmalen Pfaden wandern wir nun durch morastiges Gelände, in dem größere Bestände des Feuchtigkeit liebenden Königsfarns auffallen. Aufmerksam peilen wir die in größeren Abständen aufgestellten Wegpfosten des Sheep's Head Way an. Wir stoßen schließlich auf einen

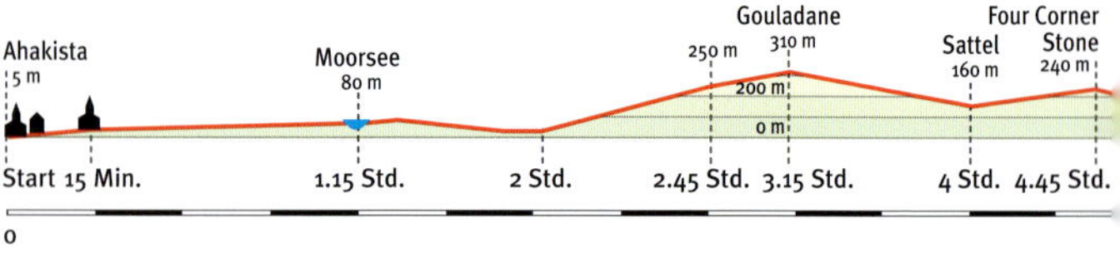

alten Weg und folgen dieser so genannten Green Road, die um 1900 für den Torfstich angelegt wurde, nach links. Schließlich nähern wir uns einem kleinen **Moorsee** (1.15 Std.). Die Green Road verläuft sich hier, und es geht auf Pfaden weiter, bis wir auf ein Sträßchen stoßen. Hier trennen wir uns vorübergehend vom **Sheep's Head Way,** der nach rechts führt, und gehen nach links weiter.

Bei einigen Häusern der Streusiedlung **Mautimile** stoßen wir auf eine Querstraße, die wir nach rechts hinabgehen. Von rechts kommt alsbald der Sheep's Head Way hinzu, dem wir uns nun wieder anschließen. Es geht an weiteren Häusern vorbei noch etwa fünf Minuten auf der Straße geradeaus, bis wir die markierte Linksabzweigung nehmen. Bald kommt eine Gabelung, an der wir uns rechts halten. Kurz danach biegen wir mit dem **Sheep's Head Way** (2 Std.) links in das morastige Gelände ab und wandern nun auf schmalen Pfaden hangaufwärts, stets den Wegpfosten folgend.

Links taucht in einer Senke der fast kreisrunde Glan Lough (gäl. Gleann Locha ›Talsee‹) auf. Stetig ansteigend erreichen wir eine Anhöhe (2.45 Std.), von der sich ein großartiger Ausblick in alle Richtungen bie-

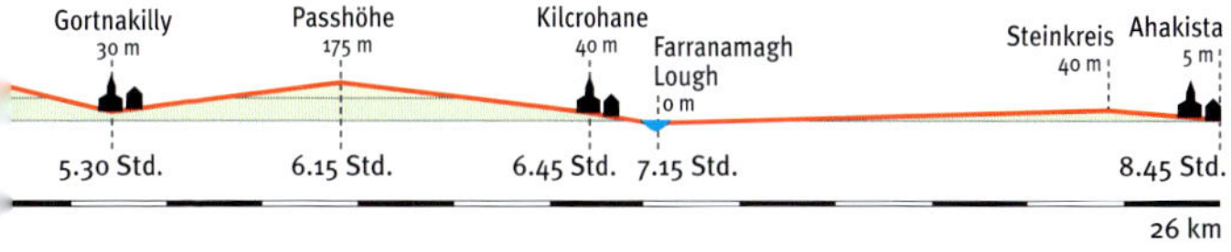

tet. Es geht nun genau auf dem Bergrücken entlang. Pfeile führen die Route durch eine Senke. Wir erreichen schließlich den höchsten, nicht markierten Gipfel dieses Abschnitts: **Gouladane** (3.15 Std.). Weiterhin bleiben wir immer genau auf dem Bergrücken, der sich nun allmählich absenkt. Dabei halten wir uns eher auf der rechten Hangseite, stets aufmerksam den Wegpfosten folgend.

In einem breiten **Sattel** (4 Std.) kreuzen wir einen anderen Wanderweg (Loop Walk). Vor uns ziehen die Pfosten des Sheep's Head Walk den Hang hinauf. Ansteigend erreichen wir die Infotafel am **Four Corner Stone** (4.45 Std.) und wenden uns hier nach rechts bergab. Es geht zunächst auf Pfaden hangabwärts, ehe wir auf einen alten, grasbewachsenen Weg gelangen, der am Hang verläuft. Gemächlich wandern wir auf der Green Road zu Tal.

In der Streusiedlung **Gortnakilly** (gäl. ›Feld der Kirche‹i) stoßen wir auf ein Sträßchen (5.30 Std.), dem wir nach links folgen. Es geht nun stetig geradeaus bergauf. Der Sheep's Head Way zweigt schließlich rechts ab, doch wir gehen geradeaus weiter und erreichen die von einer Marienstatue bewachte **Passhöhe** (6.15 Std.). Hier stehen Informationstafeln in beide Blickrichtungen und ein Kreuz. Nach Süden fällt der Blick in die grüne Talniederung von Kilcrohane. Auf einer kuppigen Anhöhe rechts vor dem Ort ist deutlich die kreisförmige Außenmauer eines großen, 2500 Jahre alten Ringforts erkennbar.

Das Sträßchen führt nun in die Talniederung von Kilcrohane hinab. Wir gehen an einer Linksabzweigung vorbei auf dem Sträßchen weiter und erreichen **Kilcrohane** (6.45 Std.). Der gälische Ortsname Cill Chrochain (›Kirche des Crochan‹) bezieht sich auf einen Heiligen, der Mitte des 5. Jh. – etwa zur Zeit des heiligen Patrick – gelebt und hier ein erstes Gotteshaus errichtet haben soll. An der Kirche stoßen wir auf die Hauptstraße und folgen ihr nach links. Die Markierungen und Wegpfosten des Sheep's Head Way sind nun bis Ahakista wegbestimmend. Nach 300 m (direkt nach dem Ortsschild) verlassen wir die Straße, steigen rechts über einen Zauntritt und kommen auf eine Wiese. Weitere *stiles* führen uns über die Mauern und Zäune von Viehweiden, bis wir schließlich bei einem subtropischen Privatgarten die Küste erreichen.

Wir gehen geradeaus über den Kiesdamm am Ufer entlang. Zur Linken erstreckt sich der **Farranamanagh Lough** (›Mönchsland-See‹); auf dem Hügel dahinter liegt die Burgruine des Bardenclans O'Daly. Steinplatten führen uns über den Ausfluss des Sees ins Meer (7.15 Std.). Danach führt der Pfad hangaufwärts an mehreren Hausruinen vorbei, die im Mittelalter eine **Bardenschule der O'Dalys** beherbergten. Nach der Legende entsandte der spanische König einst zwei Söhne zur Ausbildung in Dichtung und Gesang hierher; beide ertranken auf tragische Weise im See.

Wir kommen schließlich auf ein Sträßchen, gelangen zur Hauptstraße (Parkplatz mit Infotafel) hinunter, gehen wenige Meter nach links und finden auf der gegenüberliegenden Straßenseite die Fortsetzung des Sheep's Head Way. Wir überqueren den Zauntritt und wandern auf einem Feldweg, dann auf Pfaden weiter, durchqueren eine kleine Senke und stoßen schließlich auf einen Weg, dem wir an einer Stromleitung entlang nach rechts folgen.

Was wäre ein Sheep's Head Way ohne Schafe?

Es geht nun längere Zeit geradeaus auf diesem Weg – der alten Straße von Kilcrohane nach Ahakista – durch eine einsame, von Felsrippen durchzogene Gegend. Schließlich zweigt schräg links ein Wanderweg (Loop Walk) ab, wir jedoch gehen geradeaus weiter und erblicken die ersten Häuser von Ahakista. Es geht auf einem Fahrweg weiter, dann auf einem Sträßchen. An weiteren Häusern vorbei laufen wir geradeaus bergab, bis der Sheep's Head Way kurz vor der Einmündung in die Hauptstraße an einer Sitzbank links abzweigt (Wegweiser zum *stone circle*). Wir folgen dem Pfad durch das Gehölz und über einen rauschenden Wildbach hinweg zu einem kleinen **Steinkreis** (8.30 Std.) – ein mystischer Kultort aus der späten Bronzezeit. Die meisten der ursprünglich wohl elf Steine sind umgestürzt.

Wir trennen uns nun vom Sheep's Head Way und kehren auf dem Pfad zur Sitzbank zurück. Dann gehen wir zur nahen Hauptstraße hinab und folgen ihr geradeaus nach **Ahakista.** An einigen schönen Anwesen, einem Pub (mit *beer garden* an der Küste) und am Ahakista House vorbei erreichen wir wieder die uns vom Hinweg bekannte Straßenverzweigung und gehen nach rechts zum Parkplatz an der **Bar Arundel's** zurück (8.45 Std.). Gegenüber kann man sich mit einem frisch gezapften Murphy's aus der Bar auf einer der Sitzbänke am Ufer niederlassen, um bei untergehender Sonne die beschauliche Stimmung an der Kitchen Cove zu genießen. Geruhsam klingt ein langer, anstrengender Wandertag aus. Fischerboote dümpeln ruhig am Pier vor sich hin, ein Kormoran trocknet sein ausgebreitetes Gefieder in den letzten Sonnenstrahlen und jenseits der Dunmanus Bay umschließen die Berge der Mizen Head Peninsula den Horizont.

Tour 7

An der schwarzen Landspitze

Von Durrus auf den Sheep's Head Way

Durch ein sanftes Wiesental geht es zum Bergrücken auf der Sheep's Head Peninsula. Eindrucksvoll kontrastiert das von Felsrippen durchfurchte, mit Mooren und Heide bedeckte, wilde und einsame Bergland mit dem lieblichen Kulturland unten an der Küste.

DIE WANDERUNG IN KÜRZE

\+ Anspruch

3.45 Std. Gehzeit

14 km Länge

Charakter: teils Sträßchen, teils weglos durch morastiges Gelände

Wanderkarte: OS Discovery Series, Blatt 88

Markierung: Wegpfosten und Zeichen des Sheep's Head Way

Einkehrmöglichkeiten: unterwegs keine

Anfahrt: Durrus liegt an der R591 am Anfang der Sheep's Head Peninsula südwestlich von Bantry. Parkmöglichkeit im Ort

Das kleine, beschauliche **Durrus** (gäl. Dúras ›schwarze Landspitze, Wald‹) ist ein typisch irisches Dörfchen: mehrere Pubs und Tante-Emma-Läden, eine Tankstelle, ein Postamt und – last but not least – zwei Kirchen, eine katholische und eine anglikanische, bilden die Ortsmitte. Zu der kleinen Häuseransammlung gehören einige weitere, verstreut an den umliegenden Hängen liegende Farmhäuser. Gegenüber der Tankstelle in Durrus gehen wir die Seitenstraße an Ivo's Bar vorbei hinauf, passieren Häuser und erreichen die Brücke über den **Ahanegavanagh Stream** (15 Min.); links erhebt sich die anglikanische **St James Church** in parkähnlichem Gelände am Flüsschen. Chor und Turm des Gotteshauses wurden 1792 erbaut. Jenseits der großen Meeresbucht Four Mile Water steht eine große, etwas gespenstisch wirkende Ruine am Ufer: ein ehemaliger Getreidespeicher, der während der großen Hungersnot Kindern als Zuflucht diente.

An der Straßenkreuzung direkt hinter der Flussbrücke biegen wir nach rechts und folgen dem Sträßchen ste-

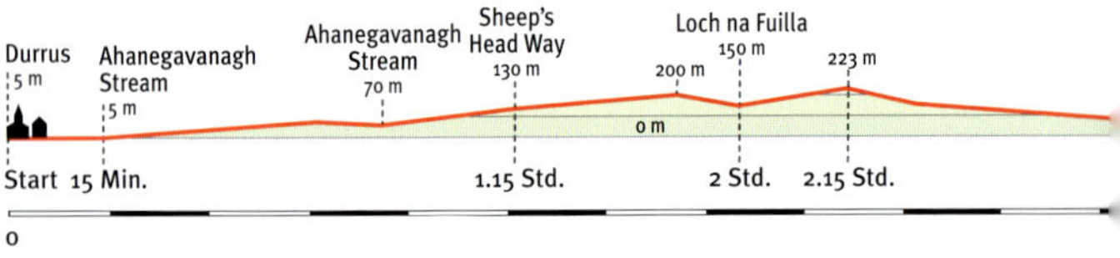

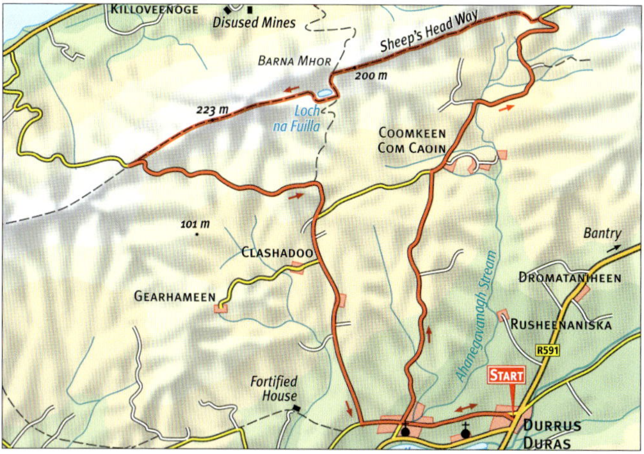

tig hangaufwärts. Nach einer halben Stunde gehen wir an einer scharfen Linksabzweigung vorbei, halten uns gleich danach an einer Gabelung links und kommen in eine Niederung hinab. Verstreut an den Hängen stehen die Häuser von Comkeen. An der Gabelung in der Flussniederung (Wegweiser nach links ›Durrus Cheese Comkeen‹) wenden wir uns nach rechts und überqueren auf einer Brücke den Oberlauf des Ahanegavanagh Stream.

Wir wandern stetig auf dem Sträßchen bergauf, bis wir es kurz vor der Anhöhe verlassen und einem Feldweg mit der **Sheep's Head Way-Markierung** nach links folgen (1.15 Std.). Alsbald steigen wir über einen Zauntritt und wandern nun weglos durch morastiges, von Felsrippen durchzogenes Gelände weiter, aufmerksam den Markierungspfosten

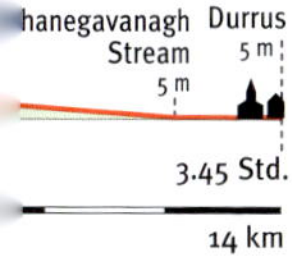

folgend. Die Route verläuft auf dem Bergrücken der Sheep's Head Peninsula und gewährt großartige Ausblicke nach beiden Seiten. Im Norden liegt die Bantry Bay mit Whiddy Island, im Südwesten erstreckt sich jenseits der Dunmanus Bay die Halbinsel Mizen Head.

Wir erreichen einen Gipfel, auf dem ein Steinmännchen steht. Danach unterbricht ein tiefer Hangeinschnitt – der **Barna Mhór** (gäl. ›große Kluft‹) – den Bergrücken. Wir wandern in das Tälchen hinab, überqueren einen Zauntritt und wenden uns nach links. Ein Damm führt uns durch die morastige, mit Schilf bestandene Niederung, in der rechts der **Loch na Fuilla** liegt (2 Std.). Wir wandern um diesen kleinen Moorsee und dann wieder bergauf.

Eine blutige Sage rankt sich um das Gewässer. In einem trockenen Sommer soll dieser See einst nahezu ausgetrocknet sein. Das ans Wasser drängende Vieh verletzte sich mit den Hörnern gegenseitig und geriet schließlich immer mehr in Rage. Viele Tiere starben dabei und der ausgetrocknete See füllte sich mit ihrem

Der Sheep's Head Way gewährt grandiose Ausblicke vom Bergrücken über die gesamte Halbinsel auf die Bantry Bay und die Dunmanus Bay

Blut. So soll der Loch na Fuilla seinen gälischen Namen erhalten haben, der nichts anderes als ›Blutsee‹ bedeutet.

Ein gemauertes Steinmännchen krönt den **höchsten Punkt** unserer Wanderung (2.15 Std.). Danach geht es wieder bergab, und wir stoßen auf ein Teersträßchen. Hier trennen wir uns vom Sheep's Head Way und folgen dem Sträßchen nach links weiter bergab. Bald lassen wir den unwegsamen, von Felsrippen durchfurchten Bergrücken mit seiner Moor- und Heidevegetation hinter uns und gelangen in grünes Kulturland hinab. Die Viehweiden sind von Steinmäuerchen umgeben, verstreut stehen einzelne Häuser an den sanften Wiesenhängen.

Wir gehen geradeaus über eine Kreuzung hinweg und wandern weiter zu Tal. Schließlich stoßen wir auf eine Querstraße, treffen hier erneut auf den Sheep's Head Way und gehen nach links bergab. An Häusern vorbei erreichen wir wieder die Straßenkreuzung an der Brücke über den **Ahanegavanagh Stream** (3.30 Std.) und gehen geradeaus nach **Durrus** zurück (3.45 Std.).

Rund um die Beara Peninsula

Von der Ballydonegan Bay zur Dursey Cable Car

Einsam und abgelegen ist der Westen der Beara Peninsula mit seinen wenigen verstreuten Cottages, kaum ein Ausflügler verirrt sich hierher. Herrliche Ausblicke auf Dursey Island und benachbarte, weit ins Meer hinausragende Halbinseln eröffnen sich immer wieder.

DIE WANDERUNG IN KÜRZE

++ Anspruch

6.30 Std. Gehzeit

20 km Länge

Charakter: mittelschwer; teils weglos über Wiesenhänge, teils auf Sträßchen

Markierung: Wegpfosten des Beara Way

Wanderkarte: OS Discovery Series, Blatt 84

Einkehrmöglichkeiten: B&B Windy Point House unweit der Drahtseilbahn (*tea and snacks*).

Anfahrt: auf der Beara-Halbinsel bis Castletown Bearhaven (Castletownbere), weiter auf der R572 nach Westen bis zur Bealbarnish Gap; dort geradeaus auf der R575 nach Allihies; 0,9 km/0,5 mi hinter der Paßhöhe (gegenüber einem Wohnhaus mit gälischer Inschrift und der Jahreszahl 1995) vor einem nach links abzweigenden asphaltierten Feldweg am linken Straßenrand Parkmöglichkeit für zwei Fahrzeuge

Dursey Cable Car: Mo–Sa 9–11, 14.30–17, 19–20; So 9–10.30, 12.15–13.15 (bzw. 13–14.30, je nachdem, wo die Sonntagsmesse stattfindet), 19–20 Uhr, Juni, Juli und Aug. So außerdem 16–17 Uhr (bei stürmischem Wetter kein Betrieb!)

Abkürzung: Die Wanderung kann auch an der Firkeel Gap beginnen und verkürzt sich dadurch auf 3.30 Std. bzw. 10 km.

Von der Straße folgen wir dem anfänglich asphaltierten Feldweg, auf dem auch der markierte Beara Way verläuft, und passieren nach zehn Minuten einen Abzweig, der nach links zu einem Haus führt. Rechts schweift der Blick über grüne Viehweiden zur Ballydonegan Bay. Der von Mäuerchen gesäumte Weg endet bei der verfallenen Häusergruppe **Foher** (20 Min.). Kurz vor der letzten Ruine passieren wir ein Eisengittertor mit Zauntritt. Danach steigt der mit Wegpfosten markierte Beara Way, dem wir folgen, nach links am Hang an. Wir verlassen nun das parzellierte Weideland und gelangen in die offene Heidelandschaft.

Weiter oben ist bereits der nächste Zauntritt zu sehen, den wir schon bald überqueren. Etwas rechts unterhalb des zweiten Wegpfostens hinter diesem Zauntritt sehen wir einen ovalen, mit Steinen eingefriedeten und überwucherten Hügel am Hang. Dieses sogenannte **Gigantengrab** stammt aus der Jungsteinzeit. Nach kurzem Aufstieg erblicken wir den nächsten Wegpfosten etwas nach rechts versetzt. Hier schwenkt der Pfad nach rechts und steigt schräg am Hang entlang sanft bergan. Der Pfad verläuft nun etwas unterhalb der folgenden Pfosten parallel zum Hang durch die niedrige Heidelandschaft. In Blickrichtung taucht vor uns allmählich die Garinish Bay mit ihren beiden Stränden auf; jenseits der Landspitze ist Dursey Island erkennbar. Rechts neben dem Pfad sehen wir ein weiteres **Gigantengrab,** auch dies ein kleiner ovaler Hügel, der mit Gras und Binsen bewachsen ist.

Wir durchqueren eine vernäßte Senke, durch die ein kleiner Bach fließt, steigen dahinter über einen Zauntritt und gelangen kurz danach auf einen Fahrweg, dem wir geradeaus weiter am Hang entlang folgen. Wir lassen nun die wilde Heide hinter uns und gelangen in grünes Weideland. Mit herrlichem Ausblick auf die Garinish Bay und den Garinish Point wandern wir allmählich bergab. Beim ersten Haus erreichen wir ein Sträßchen, durchqueren sogleich ein Eisengittertor und marschieren geradeaus weiter. Vorbei an vereinzelten Häusern führt das Sträßchen in die tief eingeschnittene **Firkeel Gap** (1.30 Std.) hinab.

Wir überqueren die Paßstraße schräg nach links und wandern das Seitensträßchen hinab. Sogleich geht es an der Gabelung links weiter. Wir passieren die wenigen Wohnhäuser des Weilers **Firkeel** und marschieren geradeaus an einem Abzweig nach links vorbei. Der asphaltierte Feldweg führt uns bergauf, bis wir am letzten Gehöft vorbei auf einem schmalen, tief eingeschnittenen Hohlweg recht steil ansteigen. Wir kommen an einer Quelle vorbei und durchschreiten kurz danach ein Eisengittertor. Dahinter gehen wir schräg rechts über den Wiesenhang zur **Anhöhe** (2 Std.) empor.

Hier auf dem Crow Head erreichen wir einen Unterstand aus Beton, der zu einer ganzen Reihe von Beobachtungsposten aus dem Zweiten Weltkrieg gehört, die an zahlreichen strategisch wichtigen Stellen entlang der Küsten errichtet wurden. Wir haben nun einen wunderbaren Blick nach Westen auf Dursey Island, während wir in entgegengesetzter Richtung den Black Ball Head erkennen. Auf dieser Landzunge steht, ebenso wie auf Dursey, ein Signalturm vom Anfang des 19. Jh. Im Süden erblicken wir jenseits der Bantry Bay die Landzungen Sheep's Head und Mizen Head, im Norden den Lamb's Head an der Spitze der Iveragh Peninsula.

Wir wenden uns schräg nach rechts (ungefähr Westen) und wan-

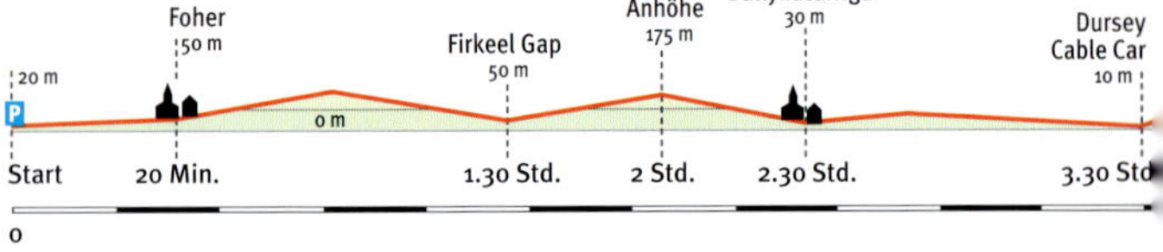

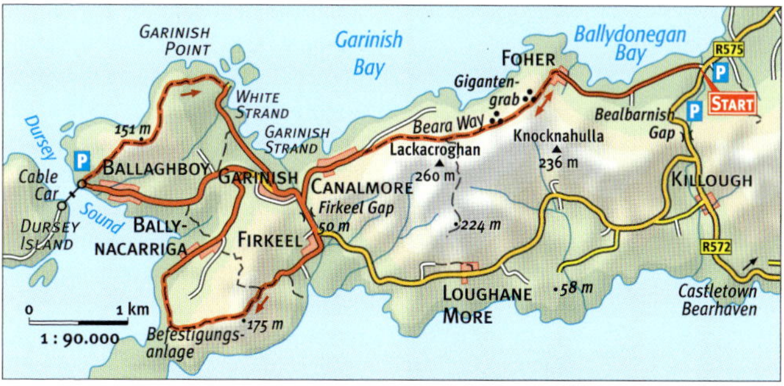

dern in Richtung der tiefgelegenen, flachen Landzunge den Hang hinab; dabei haben wir die äußerste Spitze von Dursey im Blick. An der engsten Stelle der Landzunge, die hier wie eingeschnürt wirkt, sind die Böschungen und Gräben einer umfangreichen **Befestigungsanlage** erkennbar. Sie diente einst zur landeinwärts (!) gerichteten Verteidigung der Landzunge, auf der sich während der Eisenzeit ein Promontory Fort befunden hatte.

Ganz in der Nähe liegen helle Steine scheinbar wahllos verteilt auf dem Boden, doch noch vor nicht allzu langer Zeit wurden hier Transatlantikflieger in großen Lettern mit dem Schriftzug EIRE begrüßt. Kein Glück hatte ein deutscher Aufklärungsflieger, der im Jahre 1943 im Nebel gegen den Berg prallte und ins Meer abstürzte. Einige Tage danach machte ein Fischer den Fang seines Lebens, als er zwei Fallschirme aus 80 m reinster Seide aus dem Wasser zog.

Wir wandern hangabwärts und überqueren einen **Zauntritt.** Bald geht es an einem Maschendrahtzaun oberhalb der Küste entlang. Dann gehen wir den felsdurchsetzten Hang hinab und wandern über einen Zauntritt hinweg leicht bergauf. Ein Wegpfosten geleitet uns nach links zu einer steinernen Scheune mit Wellblechdach. Dahinter wenden wir uns nach rechts und durchschreiten ein Eisengittertor.

Bei den wenigen Häusern von **Ballynacarriga** (2.30 Std.) gelangen wir auf einen asphaltierten Feldweg, dem wir nun geradeaus gemächlich bergan folgen. Auf den Feldern beiderseits des Weges sind Megalithgräber, Hüttenplätze und ein Ring-Fort zu erkennen, Zeugnisse einer frühen Besiedlung der Landspitze. Auf der Anhöhe öffnet sich der Blick nach Norden auf die tief eingeschnittene Meeresbucht des Kenmare River. Danach verläuft das Sträßchen in einigen Kehren zu einer

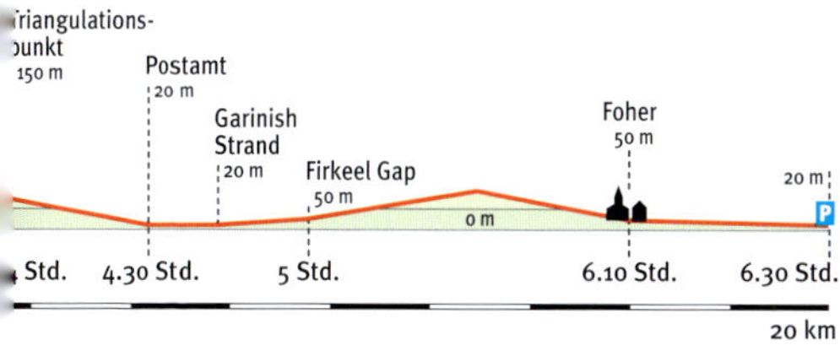

Am White Strand

Querstraße hinab, der wir nach links folgen. Sie führt an den Häusern von Ballaghboy vorbei und endet am Parkplatz der **Cable Car** (3.30 Std.). Diese abenteuerlich wirkende Drahtseilbahn führt über die 200 m breite Meeresenge zur vorgelagerten Insel Dursey.

Wir gehen geradeaus an der Informationstafel vorbei über den Parkplatz hinweg, der unter den Drahtseilen der Cable Car liegt, und übersteigen dahinter einen Zauntritt. Sogleich folgen wir den Markierungspfosten über den Wiesenhang und wandern zunehmend steiler bergan. Es geht über einen weiteren Zauntritt und kräftig ansteigend zu einem **Triangulationspunkt** hinauf (4 Std.). Von der Anhöhe bietet sich ein herrlicher Blick hinüber nach Dursey. Erneut steigen wir über einen Zauntritt. Vor uns liegt eine wunderschöne Küstenlandschaft mit grünen Viehweiden und weißgetünchten Cottages. Es geht bergab und über einen weiteren Zauntritt hinweg.

Dahinter wandern wir ungefähr in Richtung des kleinen Fischerhafens quer den Wiesenhang hinunter; Wegpfosten dienen der Orientierung. Unsere Route führt leicht nach links durch feuchteres Gelände und wir erreichen unweit des Garinish Point die Küste. Der Weg führt durch ein Eisentörchen und dann an dem kleinen Fischerhafen vorbei; das vorgelagerte Long Island gewährt Schutz vor der rauhen See. Wir folgen dem Sträßchen am **Postamt** (4.30 Std.) vorbei. Links öffnen sich zwei einsame Sandbuchten zur Garinish Bay, der White Strand unterhalb des Postamtes und der **Garinish Strand.**

Das Sträßchen stößt schließlich auf die Fahrstraße, die uns nach links zur **Firkeel Gap** (5 Std.) führt. Auf der Paßhöhe biegen wir scharf links auf das ansteigende Seitensträßchen. Wir haben nun wieder unseren Hinweg erreicht und kehren auf demselben Weg über **Foher** (6.10 Std.) zum Ausgangspunkt (6.30 Std.) zurück.

Kupfer vom Hungerberg

Durch die Slieve Miskish Mountains nach Allihies

Offenes Moorland, dunkle Fichtenforste, grüne Weiden und weite Ausblicke auf herrliche Küstenlandstriche erwarten uns auf dieser Rundwanderung. Auf halbem Wege liegt das kleine Dorf Allihies, einst eine blühende Bergbaugemeinde.

DIE WANDERUNG IN KÜRZE

++ Anspruch

6 Std. Gehzeit

16 km Länge

Charakter: mittelschwer; zumeist gute Wege

Wanderkarte: OS Discovery Series, Blatt 84

Markierung: numerierte Wegpfosten des Beara Way

Einkehrmöglichkeiten: Pubs und Lebensmittelladen in Allihies

Anfahrt: auf der Beara-Halbinsel bis Castletown Bearhaven (Castletownbere), dann auf der R572 nach Westen (vorbei am Abzweig zum Dunboy Castle), nach 3,8 km/2,4 mi in einer Linkskurve rechts auf ein ziemlich steil ansteigendes Asphaltsträßchen abbiegen, das zunächst nach rechts, kurz darauf nach links verläuft, dann durch eine Senke, nach kurzem Anstieg wieder nach rechts; geradeaus führt eine Schotterstraße weiter, an dieser Abzweigung parken

Von unserem Parkplatz bei Wegpfosten Nr. 32 des Beara Way folgen wir dem Asphaltsträßchen nach rechts. Nach fünf Minuten passieren wir zwei bewohnte Häuser des Weilers **Knockoura,** der ansonsten praktisch ausgestorben ist. Sobald wir zu beiden Seiten Hausruinen erblicken, verlassen wir das Sträßchen und wandern links die Schotterstraße empor. Sie endet an einer Weggabelung, wir halten uns rechts. Der grasige Weg führt am Waldrand entlang; bald ist ein **Zauntritt** zu überqueren. Der Blick schweift über teilweise aufgeforstete Hänge auf Castletownbere hinab. Nur durch den schmalen Meeresarm Bear Haven von der Halbinsel getrennt, liegt Bear Island dicht vor der Küste in der Bantry Bay.

Der Weg führt in den **Fichtenforst** und ist hier stellenweise stark vernäßt. Nachdem wir wieder aus dem Wald heraustreten, folgen wir dem Weg vor einem alten Maschendrahtzaun nach rechts bergab und dann nochmals kurz durch den Fichtenforst. Danach überqueren wir einen **Zauntritt** und stoßen auf die Biegung eines Fahrwegs. An dieser Stelle verlassen wir den Beara Way, der sich nach rechts fortsetzt, und folgen dem Weg nach links. In einigen Kehren führt er in das offene Tal hinunter, das zwischen dem Knockoura zur Linken und dem Miskish Mountain zur Rechten liegt.

Kurz hinter einem Eisengittertor bei mehreren Schafpferchen kommt eine **Weggabelung,** an der wir uns links halten. Wir befinden uns nun wieder auf dem Beara Way, dessen Wegpfosten uns auf der gesamten restlichen Wanderung begleiten werden. Der nun folgende Wegabschnitt wird leider als wilde Müllkippe genutzt. Der Wegesrand ist von Stechginster gesäumt, der zur Blütezeit im Frühjahr einen herrlichen Anblick bietet; fast betörend liegt dann ein leichter Kokosduft in der Luft.

Bei den verstreuten Häusern von **Aughabrack** (1.15 Std.) gelangen wir auf ein Asphaltsträßchen, dem wir nach links folgen. Bald beschreibt das Sträßchen eine Rechtskurve. 50 m danach biegen wir links auf ein Seitensträßchen ab. Es steigt zunächst leicht an, knickt dann nach rechts ab. An dieser Stelle wandern wir geradeaus auf dem Schotterweg weiter bergauf, der stetig an der Bergflanke ansteigt. Der Blick schweift über saftiggrüne, mit weißen Häusern gesprenkelte Hänge zur nahen Coulagh Bay, die im Norden vom Kilcatherine Point und der Insel Inisfarnard begrenzt wird. Jenseits des tiefen Kücsteneinschnitts des Kenmare River zeichnen sich am Horizont die hohen Bergketten der Iveragh Peninsula ab.

Eingekerbt zwischen mächtigen schräggestellten Kalksteinplatten, führt unser Weg durch einen **Paß** (2.45 Std.) über den Bergrücken. Vor uns öffnet sich ein herrlicher Blick auf das grüne parzellierte Weideland um Allihies. Der Schotterweg schlängelt sich allmählich durch das ehemalige Bergbaugebiet mit seinen aufgelassenen Minen bergab. Durch die zahlreichen Grubenschächte kommt es an vielen Stellen zu unkontrollierten Bodensetzungen und gefährlichen Einbrüchen, so daß man unbedingt auf dem Weg bleiben und keinesfalls die eingezäunten Bereiche betreten sollte. Stumme Zeugen des ehemaligen Bergbaus sind einige Maschinenhäuser, die in dieser zerschundenen Landschaft bis heute stehengeblieben sind. Besonders an trüben Tagen wird man den düsteren Anblick dieser alten Industrielandschaft nicht so schnell vergessen.

Bald nachdem wir linker Hand ein altes **Maschinenhaus** erblicken, setzt sich der Weg asphaltiert fort. In einer Linksbiegung unterhalb des Maschinenhauses verlassen wir das Sträßchen und biegen rechts auf den Pfad ab, der mit einem Wegweiser des Beara Way markiert ist. Es geht rechts an Fundamenten vorbei, die einst das Sprengstofflager trugen, zu einem Strommast mit Transformator hinunter. Hier wandern wir geradeaus auf dem sich verbreiternden, bald grasbewachsenen und vernäßten Weg weiter. Wir überqueren einen Zauntritt und passieren danach einige verfallene Häuser. Kurz darauf durchschreiten wir ein Holztor und gehen zu einem As-

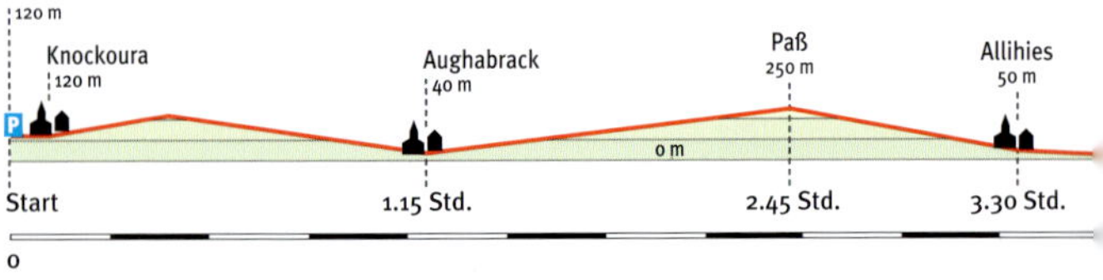

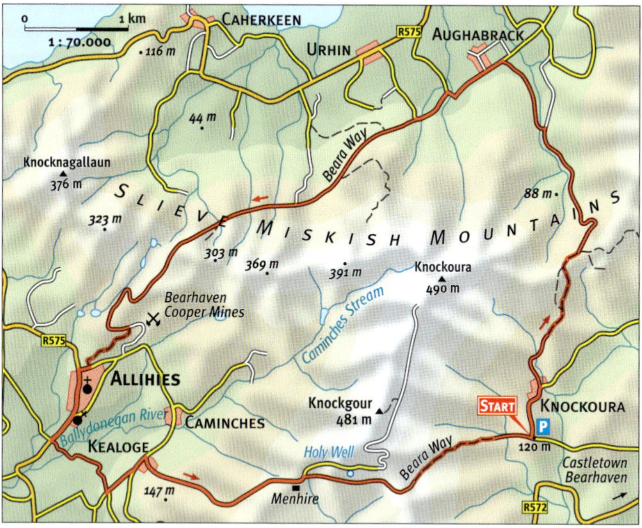

phaltsträßchen hinab, dem wir nach rechts folgen. Die Hauptstraße (R575) führt uns links nach **Allihies** (3.30 Std.) hinein.

Wir laufen durch das kleine Dorf, das immerhin vier Pubs aufzuweisen hat. Am Ortsende erblicken wir links der Straße die Ruine einer protestantischen Kirche, die nach ihrem geplanten Wiederaufbau ein Bergbaumuseum und eine Kunstgalerie beherbergen soll. Wir erreichen eine kleine Kreuzung, an der beiderseits Feldwege abzweigen, und biegen links ab. Der Feldweg ist von Steinmäuerchen gesäumt, die teilweise mit Stechginster bewachsen sind, und führt im Tal auf einer Betonbrücke über den Ballydonegan River.

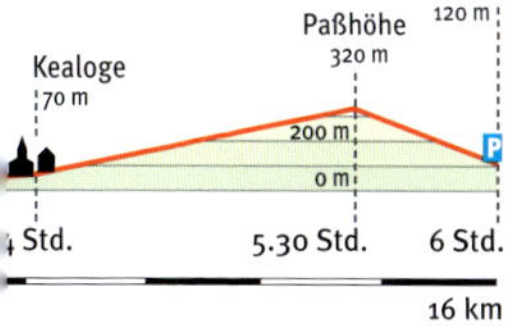

Gemächlich geht es danach hangaufwärts. Links erstreckt sich ein ehemaliges **Grubengelände,** vor dessen Betreten Hinweistafeln warnen; die Ruine eines Maschinenhauses zeugt vom einstigen Bergbau. Bald gelangen wir auf ein Asphaltsträßchen, dem wir nach links (sogleich an einer Rechtsabzweigung vorbei) folgen. Die Steinmäuerchen am Straßenrand sind ein kleines Biotop; verschiedenartige Farne, Veilchen, Fingerhut und vielerlei Sukkulenten gedeihen auf den Trockenmauern.

Wir marschieren auch an der nächsten, scharfen Rechtsabzweigung vorbei geradeaus weiter und biegen kurz danach bei den ersten Häusern von **Kealoge** (*Coill Og* – junger Wald) auf das scharf rechts ansteigende **Asphaltsträßchen** (4 Std.). Es führt im Linksschwenk durch ein eher unansehnliches Gehöft den Hang hinauf. Kurz danach wandern wir an der links abzweigenden Zufahrt zu zwei Häusern vorbei weiter

Landschaft bei Allihies

das Sträßchen empor. Jenseits der Niederung Caminches zu unserer Linken liegt das ehemalige Bergbaugebiet der Bearhaven Copper Mines, durch das wir gekommen sind, an den Kalksteinhängen der Slieve Miskish Mountains.

Nach längerem Anstieg biegt das Sträßchen links ab, wir jedoch gehen geradeaus auf dem Feldweg weiter. Kurz vor dieser Stelle sind rechts in 50 m Entfernung zwei **Menhire** *(Stone Row)* zu sehen. Sie gehören zu den ältesten erhaltenen Relikten, die von der Besiedlung der Beara-Halbinsel während der frühen Bronzezeit zeugen. Begleitet von einer Stromleitung, führt unser Weg nun an einer Fichtenschonung entlang. Nach kurzer Zeit lassen wir den Forst hinter uns. Knapp 100 m oberhalb des Weges liegt eine heilige Quelle *(Holy Well)* am Hang. Mit weitem Blick über offenes Moorland wandern wir auf dem Weg weiter, der nun allmählich ansteigt.

Auf der **Paßhöhe** (5.30 Std.) ist unser Weg tief in das Torfmoor eingeschnitten. Gleich danach erreichen wir eine Verzweigung, an der wir geradeaus am Waldrand entlang weiterwandern. Im Osten wird wieder Bear Island sichtbar, das dicht vor der Küste liegt. Geradeaus geht es nun im Nadelwald bergab. Wir laufen an einer Linksabzweigung vorbei und kreuzen einen Querweg, ehe wir geradeaus auf einer Schotterstraße weitergehen, die von rechts einmündet. Bald ist wieder der **Parkplatz** (6 Std.) an der Biegung des Asphaltsträßchens erreicht.

Bergbau in den Slieve Miskish Mountains

Bereits in der Bronzezeit haben Menschen an den Hängen der Slieve Miskish Mountains nach Kupfererz geschürft. Im Kalksteingebirge, das das geologische Rückgrat der Beara Peninsula bildet, sind die Vererzungen an Quarzitgänge gebunden. Mit primitivsten Mitteln, unter Benutzung von Hirschgeweihen, wurde das erzhaltige Quarzitgestein in offenen Gruben abgebaut und mit Kieselsteinen zerstoßen, um es anschließend zu verhütten. Mit Zinn konnte das Kupfer zu der sehr viel härteren Bronze legiert werden, die in vorgeschichtlicher Zeit zur Herstellung von Waffen und Werkzeugen Verwendung fand.

Um 1812 begann John Lavalin Puxley, ein ursprünglich aus Wales stammender Großgrundbesitzer, gemeinsam mit dem Earl of Bantry mit der industriellen Ausbeutung der Lagerstätten. In den ersten 30 Jahren ihres Bestehens wurde in der Mine die ungeheure Menge von rund 90 000 t Kupfer gefördert, und Allihies wuchs rasch von einer ländlichen Siedlung zur Bergbaugemeinde an. Rund 1000 Arbeiter – Männer, Frauen und Kinder – waren im Bergbau beschäftigt, unter Tage vor allem angeworbene Bergleute aus Cornwall, während die Weiterverarbeitung über Tage hauptsächlich von Einheimischen verrichtet wurde. Ein Bergmann verdiente damals mehr als das Dreifache eines Landarbeiters, freilich bei ungleich geringerer Lebenserwartung, die betrug nämlich nur 32 Jahre. Schon vor Jahrzehnten ist der unrentabel gewordene Bergbau eingestellt worden. Einige halbverfallene Maschinenhäuser erinnern an längst vergangene Tage, als hier noch die Schlote qualmten.

Die Familie Puxley gelangte durch Kupferbergbau zu Wohlstand und ließ sich Dunboy Castle bei Castletownbere als Herrensitz im viktorianischen Stil wiederaufbauen, doch den unter miserablen Bedingungen in den Minen beschäftigten Menschen brachte der wirtschaftliche Aufschwung nicht nur Brot und Arbeit.

Eindrucksvoll hat Daphne du Maurier diese frühindustriellen Verhältnisse in ihrem sozialkritischen Roman ›Hungry Hill‹ (deutsch ›Die Erben von Clonmere‹) geschildert. Der ›Hungerberg‹, der dem englischen Titel den Namen gab, erhebt sich 8 km nordöstlich von Castletown Bearhaven und dient der Autorin als Symbol für das Bergbaugebiet um Allihies. Ironie der Geschichte: Der Herrensitz der Puxleys wurde in den 20er Jahren von der IRA niedergebrannt.

Tour 10

Auf Münchhausens Spuren

Rund um den Muckross Lake und über den Torc Mountain
Eine romantische Abteiruine, urwüchsige Eichenwälder, schier undurchdringliche Dickichte aus wilden Rhododendren, einen englischen Landschaftsgarten und ein Anwesen, das Glanz und Herrlichkeit des viktorianischen Zeitalters ausstrahlt, bietet diese Wanderung.

DIE WANDERUNG IN KÜRZE

+ Anspruch

3.45 Std. Gehzeit

14 km Länge

Charakter: leicht; asphaltierte und geschotterte Wege, kurzes Stück entlang der Straße; auch nach Regenfällen begehbar

Wanderkarte: OS Discovery Series, Blatt 78

Einkehrmöglichkeiten: Dinish Cottage; Muckross House

Anfahrt: vom Kreisel im Ortszentrum von Killarney auf der Hauptstraße N71 nach Süden (Ausschilderung ›Muckross House and Gardens‹); man überquert den River Flesk und fährt noch 1,8 km/1,1 mi weiter, bis (kurz hinter dem Lake Hotel) zu einem beschilderten Parkplatz (links); meist warten hier einige Pferdedroschken

Öfnungszeiten: Muckross Friary ist jederzeit frei zugänglich. Muckross House: Juli/Aug. tägl. 9–19, Mitte März–Juni und Sept./Okt. tägl. 9–18, Nov.–Mitte März Di–So 11–17 Uhr

Vom **Parkplatz** überqueren wir die Hauptstraße und gelangen durch das schwarze Eisentor, vor dem die Kutscher auf Kundschaft warten, in den Park. Nach wenigen Metern verlassen wir den asphaltierten Weg und wenden uns rechts auf einen Fußweg (Wegweiser ›Muckross House/Abbey‹). Alsbald kreuzen wir ein Asphaltsträßchen und gehen auf dem Fußweg weiter. Wir nähern uns dem Ufer des Lough Leane und überqueren auf einem **Holzsteg** ein kleines Flüßchen. Auf Höhe der Muckross Friary, die wir links hinter einer Wiese erblicken, folgen wir rechts der Beschilderung ›Muckross House‹. Nun bleiben wir stets auf

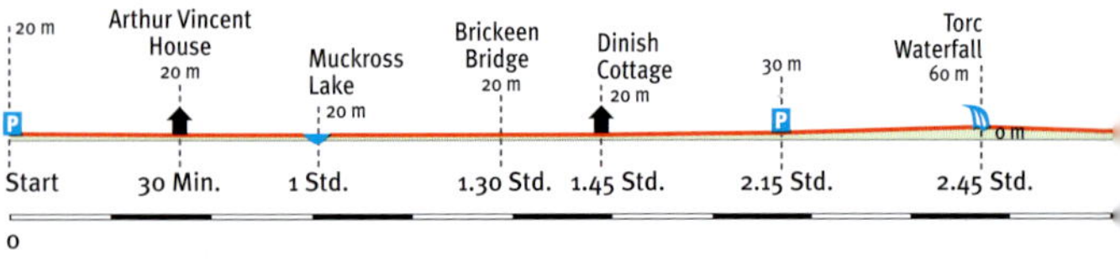

dem Hauptweg, der in der Nähe des Seeufers verläuft.

Wir gelangen schließlich auf ein Asphaltsträßchen, auf dem wir etwa 30 m weitergehen bis zum nach rechts beschilderten Abzweig ›Dinish Cottage/Meeting of the Waters‹. Im Unterwuchs des Wäldchens gedeiht die Wohlriechende Pestwurz *(Petasites fragans)*. Wir sehen ein Bootshaus am Seeufer und laufen kurz danach geradeaus an der Linksabzweigung bei einem Häuschen vorbei. Rechts taucht das **Arthur Vincent House** (30 Min.) auf. Wir bleiben weiter auf dem Asphaltsträßchen, bis wir es nach etwa zehn Minuten bei einem Pfeil auf einem Stein verlassen und schräg rechts einem Weg folgen, der zwischen zwei riesigen Kiefern hindurch in den zauberhaften **Reenadinna Wood,** den einzigen echten Eibenwald Irlands, führt. Dicht an dicht stehen die uralten Bäume zwischen bemoosten Kalksteinfelsen.

Sobald wir den Wald hinter uns lassen, verschmälert sich der Weg zum Pfad und führt im Links-Rechts-Schwenk um eine eingezäunte Weide. Bei einem Eisengittertor gelangen wir auf einen Weg, dem wir nach links folgen. Wir stoßen alsbald wieder auf das Asphaltsträßchen und gehen rechts weiter. Auf der rechten Seite taucht der kleine **Doo Lough** im sumpfigen Gelände auf. Nasse Standorte sind dicht mit Wasserdost *(Eupatorium cannabinum)* bestanden, dessen Blätter, wie der wissenschaftliche Name andeutet, an Hanf (Cannabis) erinnern. Allmählich nähern wir uns dem **Muckross Lake** (1 Std.). Ein san-

Old Weir Bridge

diger Pfad führt zum Seeufer, wo eine Holzbank zur Rast einlädt. Gegenüber erheben sich die steilen, dichtbewaldeten Abhänge des Torc Mountain (gälisch *torc*, ›Wildschwein‹).

Das Sträßchen geleitet uns weiter durch das wildromantische Parkland mit seinem urwüchsigen Baumbestand. Links taucht eine kleine sandige Bucht am Seeufer auf. Kurz darauf taucht rechts die **Old Furnace** auf. Bei dem von Efeu umrankten Bauwerk handelt es sich aber keineswegs um einen alten Schmelzofen, sondern vielmehr um ein Sommerhaus aus dem 19. Jh. Unmittelbar danach sind beiderseits des Weges einige unscheinbare Hausruinen und Schürfgruben im Boden zu sehen, die von dem hier im 18. Jh. betriebenen Kupferbergbau zeugen. Im Wald ist häufig der im Südwesten Irlands heimische Erdbeerbaum vertreten; eine prächtige Araukarie am rechten Wegesrand gehört zu den exotischen Gehölzen.

Über die **Brickeen Bridge** (›Fischchen-Brücke‹; 1.30 Std.) verlassen wir die Muckross Peninsula und gelangen auf die gleichnamige Insel. Rechts schweift der Blick über den Lough Leane zu den steilen, dichtbewaldeten Hängen des Shehy Mountain. Das Sträßchen führt über einen Damm nach Dinish Island. Zauberhaft liegt das **Dinish Cottage** (1.45 Std.) auf einem Hügel im Wald, umgeben von Palmen, Drachenbäumen, Kamelien und anderen fremdländischen Gehölzen. Ganz dem Ideal des englischen Landschaftsgarten verpflichtet, entstand das Häuschen 1833 als idyllischer Blickfang und Inbegriff ländlicher Harmonie in wildromantischer Umgebung. Nach einem Spaziergang pflegte man hier mit Blick über den See eine Erfrischung zu nehmen. Auch heute noch laden Picknicktische zur Rast ein, und im Sommer, wenn das Häuschen bewirtschaftet ist, gibt es *tea and home-baking*.

Links am Cottage und dem Toilettenhäuschen vorbei führt uns ein kurzer Fußweg zum lauschigen **Meeting of the Waters.** Vom Upper Lake kommend, teilt sich der Fluß vor der

Dinish-Insel in zwei Seitenarme. Verästelte Bäume beugen sich über den von üppigem Grün gesäumten Wasserlauf. Mit etwas Glück bekommt man einen farbenprächtigen Eisvogel zu Gesicht, der sich auf der Jagd nach Fischen blitzartig ins Wasser stürzt. Ein Stückchen flußaufwärts bildet die Old Weir Bridge einen malerischen Blickfang.

Links am Ufer entlang gelangen wir zur nahen Toothache Bridge, überqueren die ›Zahnschmerzen-Brücke‹ und schreiten durch ein Eisentor. Gleich danach biegen wir rechts auf einen beschilderten Pfad ab, um einen kurzen Abstecher zu machen. Weiß-rote Pfosten markieren den Verlauf des Pfades, der sich – teils auf Holzbohlen – durch urwüchsigen Wald zur **Old Weir Bridge** schlängelt. Idyllisch spannt sich die alte Steinbrücke in zwei Bogen über die Stromschnellen. Vormittags gegen 11 Uhr kann man hier die Durchfahrt der Holzkähne beobachten, die Ausflügler von Ross Castle zu Lord Brandon's Cottage bringen. Die Gegenströmung ist so stark, daß die Kähne bei der Bergfahrt getreidelt werden und die Gäste meist sogar aussteigen müssen.

Wir kehren zum Asphaltsträßchen zurück und wandern rechts weiter. Es geht am Muckross Lake entlang, bis wir einen **Parkplatz** (2.15 Std.) an der Hauptstraße (N71) erreichen. Wir verlassen den Parkplatz nach links und gehen nun gut zehn Minuten entlang der N71, bis wir links auf einen schönen Fußweg abbiegen, der uns durch den Wald führt. Dann passieren wir ein Gehöft, gehen links am Holztor vorbei bergab und überqueren sogleich auf einer alten Steinbrücke den Owengarriff River. Alsbald stoßen wir auf ein Teersträßchen, dem wir nach rechts bergauf folgen. Wir erreichen die Torc New Bridge und durchschreiten rechts den kurzen Tunnel, der unter der Straßenbrücke hindurchführt. Dahinter geht es an einem Informations-Häuschen vorbei auf dem Fußweg im dicht bewaldeten Owengarriff-Tal bergauf bis zur Aussichtsplattform am **Torc Waterfall** (2.45 Std.), der über Sandsteinfelsen 20 m in Kaskaden die grüne Talschlucht hinunterstürzt. Anschließend gehen wir denselben Weg wieder durch das Tal hinab, durschreiten erneut den Tunnel und überqueren nun das Teersträßchen, um geradeaus auf dem Schotterweg weiterzuwandern. Über einen englischen Rasen, der von friedlich grasenden schwarzen Kerry-Kühen kurzgehalten wird, schweift der Blick zum Muckross Lake.

Der Weg führt über eine kleine Holzbrücke und taucht in den Wald ein. Bald durchschreiten wir ein Eisengittertor. Unweit einer mächtigen, vielfach verzweigten Monterey-Zypresse nähert sich der Schotterweg links einem Asphaltsträßchen. Ein Schild weist hier zu den nahen **Dundag Boathouses** am Muckross Lake. Nach dem Abstecher zu den Bootshäusern gehen wir zur Kiefer zurück und auf dem Schotterweg weiter, der nun ins **Arboretum** führt. Stundenlang könnte man in dieser wunderschön angelegten und gepflegten Parkanlage mit ihren zahlreichen botanischen Kostbarkeiten umherstreifen. Auf der Nordseite des Arboretums erhebt sich **Muckross House** (4.45 Std.), das heute u. a. ein volkskundliche Ausstellung beherbergt. Es wurde in den Jahren 1839–43 von H. A. Herbert, Großgrundbesitzer und Parlamentsabgeordneter, inmitten eines englischen Landschaftsgartens errichtet.

Wenn wir mit dem Rücken zum Hauptportal stehen, führt uns das

Blick über den Muckross Lake

von Pferdedroschken befahrene Asphaltsträßchen geradeaus ins offene Parkland (der große Parkplatz bleibt rechts liegen). Wir erreichen eine kleine Kreuzung, an der wir dem rechten Sträßchen folgen. Immer geradeaus (vorbei an einigen Abzweigungen) steigt das Sträßchen allmählich an. An der höchsten Stelle des Hügels biegen wir links auf den mit Steinblöcken abgesperrten Weg ab und spazieren den so genannten Friars' Walk (Weg der Ordensbrüder) hinab. Die Allee bilden links Roßkastanien, rechts Linden. Leider haben die Stürme der letzten Jahre eine ganze Reihe alter Baumriesen umgeworfen.

Wir queren ein Sträßchen, dem wir im Anschluß an einen Abstecher nach links folgen werden, und gehen geradeaus zur **Muckross Friary** (5.15 Std.). Die Klosterruine gehört zu den besterhaltenen Anlagen ihrer Art in Irland. Als Franziskanerkonvent 1448 gegründet, wurden die Mönche gut 200 Jahre später unter Cromwell vertrieben. Im Kreuzgang der verträumten Abteiruine steht eine mächtige Eibe, die gewiß schon hier war, als Cromwells Mannen brandschatzend über das Land zogen. Vom Friedhof mit den irischen Grabkreuzen schweift der Blick über die weite Wasserfläche des Lough Leane.

Wir kehren zum Asphaltsträßchen zurück, folgen ihm nach rechts, biegen an einer Kreuzung wieder nach rechts ab und laufen schnurgerade durch den Park. Eine Brücke aus dem Jahr 1878, in der sich der Schloßherr mit seinen Initialen verewigt hat, führt über ein kleines Flüßchen. Durch das Tor gelangen wir zum **Parkplatz** (5.30 Std.) zurück.

Der Killarney-Nationalpark

Einst war Irland mit dichten Eichenwäldern bestanden, doch ist es heute durch Abholzung weithin seines natürlichen Waldkleids beraubt. Der größte verbliebene Forst erstreckt sich um die Seen von Killarney. Diese landschaftlich reizvolle Gegend erlebte schon zu Anfang des 19. Jh. einen touristischen Aufschwung, als betuchte Engländer auf der Suche nach ländlicher Idylle und Waldeinsamkeit in Scharen hierher zogen.

In den urwüchsigen Wäldern des Nationalparks, der seit 1981 als UNESCO-Biosphärenreservat ausgewiesen ist, wuchert eine üppige Pflanzenwelt mit uralten knorrigen Baumriesen. Unter dem Kronendach der vorherrschenden Traubeneiche gedeihen immergrüne Gehölze wie Stechpalmen, Eiben und Erdbeerbäume; Farne, Moose und Flechten tragen zum saftigen Grün bei. Der Erdbeerbaum *(Arbutus unedo)* ist

ein Angehöriger der mediterranen Flora, der im Herbst rote, erdbeerähnliche Früchte hervorbringt *(unedo* – iß nur eine! – wegen des recht faden Geschmacks). Er gehört zur kleinen Gruppe der lusitanischen Pflanzen, deren natürliches Verbreitungsgebiet vom Mittelmeer bis in den milden Südwesten Irlands reicht.

Aus Südosteuropa Anfang des 19. Jh. als Gartenpflanze eingeführt wurde der Pontische Rhododendron *(Rhododendrum ponticum)*. Er konnte sich auf den feuchten Moorböden unter geradezu idealen Bedingungen ausbreiten und stellt heute mit seinem dichten immergrünen Blattwerk, das andere Sprößlinge am Wachstum hindert, eine ernsthafte Bedrohung der heimischen Pflanzenwelt dar. Daher wird er in einigen Bereichen des Nationalparks systematisch dezimiert, ein allerdings fast hoffnungsloses Unterfangen.

Was hat nun aber der Lügenbaron in Killarney zu suchen? Noch heute zeugen alte Stollen und Ruinen davon, daß im späten 18. und 19. Jh. auf Ross Island und der Muckross Peninsula nach Kupfer geschürft wurde. Ein gewisser Rudolf Erich Raspe, ein aus Kassel geflüchteter Professor und Bibliothekar, war hier als Bergbauingenieur tätig. Er gab in England eine größere Sammlung von Münchhauseniaden heraus, die 1785 unter dem Titel ›Baron Münchhausens narrative of his marvellous travels and campaigns in Russia‹ erschienen und später ins Deutsche übersetzt wurden.

Tour 11

Im Killarney-Nationalpark

Über die Old Kenmare Road nach Killarney

Die Seenplatte von Killarney, der schönste Eichenwald Irlands mit uralten knorrigen Baumriesen, einsame Moore und hohe Berge, ein wildromantischer Wasserfall und ein schloßartiges Herrenhaus in gepflegter Parkanlage sind nur einige Highlights dieser Tour.

DIE WANDERUNG IN KÜRZE

++ Anspruch

4.30 Std. Gehzeit

15 km Länge

Charakter: mittelschwer; gute Wege mit Bohlen über vernäßte Abschnitte

Markierung: Wegpfosten des Kerry Way

Wanderkarte: OS Discovery Series, Blatt 78

Einkehrmöglichkeiten: Lord Brandon's Cottage; Muckross House.

Anfahrt: von Killarney/Ortsmitte auf der N71 nach Süden und an der ersten Tankstelle auf der rechten Seite rechts abbiegen, noch 2 km/1,2 mi zum Parkplatz bei Ross Castle, von dort kurzer Fußweg zum Anleger. Die Boote fahren tägl. um 10 Uhr (vorher überprüfen). Nur einfache Fahrt lösen! Anmeldung am Vorabend empfehlenswert: Killarney Boating Centre, High Street, ✆ 064/31068. Vom Muckross House kann man mit einer Pferdedroschke *(jaunting car;* u. U. teuer) bzw. einem Taxi (günstiger; muß aber vorbestellt oder tel. gerufen werden) zum Ross Castle zurückkehren.

Öffnungszeiten: Muckross House: Juli/Aug. tägl. 9–19, Mitte März–Juni und Sept./Okt. tägl. 9–18, Nov.–Mitte März Di–So 11–17 Uhr; Ross Castle: tägl. 9–18.30 Uhr

Hinweis: Vor der Bootsfahrt oder am Ende der Wanderung kann man Ross Castle besichtigen, einen restaurierten Wohnturm der O'Donoghues.

Auftakt des heutigen Ausflugs ist eine anderthalbstündige Bootsfahrt, die von **Ross Castle** über die weite Wasserfläche des Lough Leane und den kleineren Muckross Lake führt. Ab Dinish Island (gälisch *Duibh Inis* – schwarze Insel) geht es auf einem schmalen Wasserarm zwischen dichtem Gehölz entlang. An der Old Weir Bridge, einer alten zweibogigen Steinbrücke, ist die Gegenströmung so stark, daß die Holzkähne getreidelt werden müssen. Vom Ufer aus werden die Boote mit Tauen unter der Brücke hindurchgezogen, was natürlich nicht ohne so manchen Spritzer Wasser vonstatten geht. Nur ein einziges Mal, nämlich im Jahr

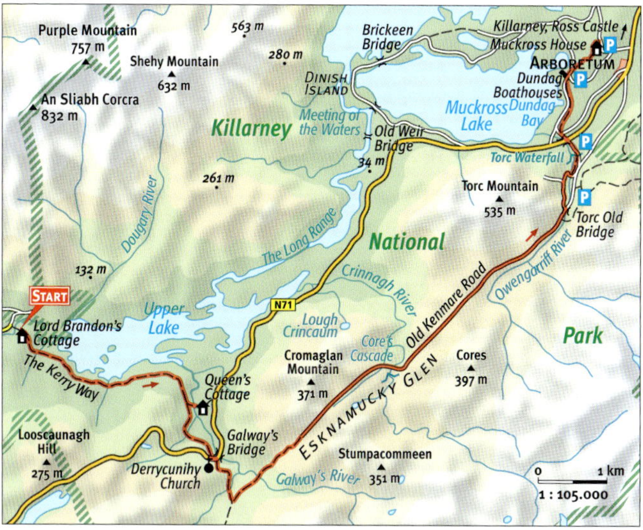

1938, kenterte ein Schiff, wobei mehrere Passagiere in der reißenden Flut den Tod fanden. Hinter der Brücke weitet sich die Landschaft wieder, und durch The Long Range führt die Fahrt zum stillen Upper Lake. Am westlichen Ende des Sees, unweit des Gearhameen River, steht **Lord Brandon's Cottage** mit dem hohen Rundturm. Lord Brandon, ein wohlhabender Geistlicher, ließ es sich Anfang des 19. Jh. als Landsitz erbauen. Von dem ursprünglichen Anwesen existiert heute nurmehr der ehemalige Pferdestall.

Nachdem wir wieder festen Boden unter den Füßen haben, wenden wir uns an der Gaststätte bei Lord Brandon's Cottage nach links und folgen dem Fußweg. Bald kommt eine **Gabelung** bei einer Schwarzerle, an der wir uns rechts halten (links befindet sich ein kleines Eisengatter). Hinter einer Betonröhrenbrücke nähern wir uns dem Ufer des Upper Lake. Der Weg ist teils grob mit Steinen gepflastert, teils geschottert; Holzbohlen führen über stark vernäßte Abschnitte. Wir überqueren einen **Bach** auf Trittsteinen und haben danach links einen wunderschönen Blick auf den Upper Lake mit seinen verstreut aufragenden Inseln. Im Hintergrund erheben sich die Macgillycuddy's Reeks, das höchste Gebirge Irlands.

Unser Weg verläuft durch urwüchsigen Mischwald mit Eichen, Stechpalmen, Eiben, Erdbeerbäumen... und natürlich Rhododendren, deren zartviolette Blüten im Frühling zwischen all dem üppigen Grün hervorleuchten. Trittsteine führen uns über einen weiteren **Bachlauf.** Kurz danach kommt eine Gabelung, an der die Wanderung später schräg nach rechts hinaufführen wird. Zuvor gehen wir jedoch links auf dem Hauptweg weiter, um einen kurzen Abstecher zu machen. Der Weg führt unterhalb eines verfallenen, von prächtigen Rhododendren und Fuchsien umwucherten Hauses vorbei zu einer Flußniederung. Ein Holzsteg überquert den rauschenden **Galway's River,** der zwischen Felsbrocken munter zu Tal strömt. Diese Flußpartie wird Derrycunihy Cascade genannt. Dahinter folgen wir dem Weg noch ein kurzes Stück, bis rechts oben am Hang **Queen's Cottage** (45 Min.) auftaucht.

Wir kehren auf demselben Weg bis zur Gabelung zurück und biegen nun scharf nach links ab. Bald teilt sich der Weg neben einem Maschendrahtzaun und einer Eiche. Wir folgen hier nicht dem Linksschlenker hinab, sondern wandern geradeaus über einen kleinen Wasserlauf hinweg weiter bergauf. Gelbe Pfeile und Punkte dienen der Orientierung, während sich der schmale Weg im Wald emporschlängelt. Stellenweise geht es über Steinstufen; an vernäßten Hangpartien über Holzbohlen. Rechts taucht ein Felsen auf, an dessen Seite ein kleiner Unterstand kauert.

Wir gelangen schließlich auf die Fahrstraße (N71) und wenden uns nach links. Zur Linken spannt sich die Galway's Bridge in schönen Steinbögen über den Fluß, rechts steht die malerische, leider etwas verwahrloste **Derrycunihy Church** (auch ›Old Church‹; 1.15 Std.). Wir gehen an dem Kirchlein vorbei geradeaus auf dem asphaltierten Feldweg weiter. Am Wegesrand stehen riesige Rhododendronbüsche, die zur Blütezeit einen überwältigenden Anblick bieten. Der Weg schwenkt nach links, dann nach rechts und führt schließlich geradeaus durch eine flache Niederung, in der Torf gestochen wird. Allseits erheben sich wilde Berge; am Fuße des gegenüberliegenden Hanges steht ein einsames Haus. Der Weg führt über eine kleine einbogige Brücke hinweg. Etwa 75 m danach biegen wir an einem Wegweiser links auf den geschotterten Pfad ab.

Durch einen zauberhaften Eichenwald mit knorrigen Baumriesen, in dem gewiß noch heute Feen und Kobolde hausen, wandern wir bergauf. Moosbewachsene Hausruinen am Wegesrand zeugen von einer früheren Besiedlung. In einer offenen Niederung überqueren wir den **Galway's River** (1.45 Std.) auf einem Holzsteg. An einem bemoosten Steinmäuerchen entlang geht es dann im wildromantischen Eichenwald steiler empor. Wir befinden uns auf der Old Kenmare Road, der einstigen Hauptverbindung zwischen Killarney und Kenmare bis zum Bau der heutigen Fahrstraße. Um 1830 ließ der damalige Großgrundbesitzer, H. A. Herbert, die alte Straße und das gesamte Gebiet zwischen dem Mangerton Mountain und den Seen von Killarney kurzerhand sperren, um hier ein privates Jagdrevier einzurichten. Die Bauern wurden von ihrem Land vertrieben, und sogar die Old Torc Bridge ließ Herbert abreißen, um jede weitere Benutzung der Straße zu unterbinden.

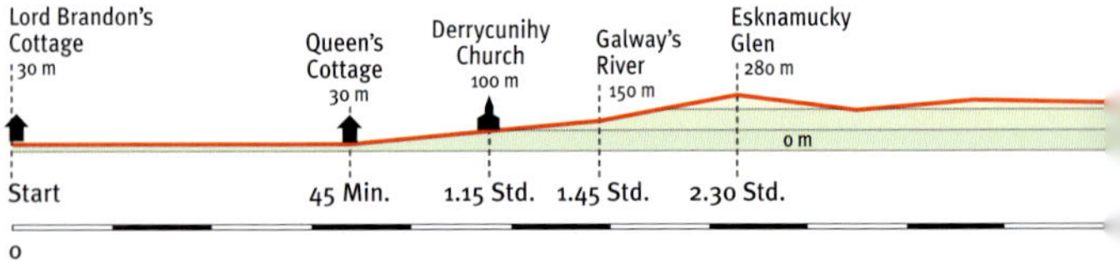

Der Wald tritt schließlich zurück. Rechts wird der Blick auf felsige Anhöhen frei, links erheben sich die Macgillycuddy's Reeks in der Ferne. Am rechten Wegesrand taucht eine **Scheune** mit rostrotem Eisendach auf. Kurz danach geht es auf einem langen Bohlenweg durch sumpfiges Gelände. Der ursprüngliche Verlauf der Old Kenmare Road ist auf diesem Abschnitt nicht mehr erkennbar. Von einsamen Bergland umgeben, führt unser Pfad über Stock und Stein; Holzbohlen überbrücken besonders morastige Stellen.

Schräg rechts taucht in mittlerer Entfernung ein kleiner See namens Eskalougha auf. Schließlich nimmt uns wieder Wald auf. Entlang einem Bachlauf folgen wir dem alten steingepflasterten Weg durch das langgestreckte **Esknamucky Glen** (2.30 Std.) hinab. Auf dem Wege von Kenmare nach Killarney notierte Arthur Young im Jahr 1776, dies sei »the wildest and most romantic country«; daran hat sich bis heute wenig geändert. Wunderschön stehen Eichen, Birken und Stechpalmen in diesem felsigen Engtal. Es bleibt freilich ein Rätsel, wie Pferdekutschen je solche Wege befahren konnten.

Unten öffnet sich das Tal zu einer fremdartig wirkenden Ebene, die vom Crinnagh River durchflossen wird. Die völlig flache, sumpfige Niederung war einst von einem See bedeckt. Ein geschotterter Pfad führt durch Schilf und Riedgräser. Rechts rauscht ein kleiner **Wasserfall,** genannt Core's Cascade, über dunkle Basaltfelsen herab. Der Pfad schlängelt sich dann am Crinnagh River entlang und führt auf einem Holzsteg über das Flüßchen. Verstreut in der Landschaft erblicken wir rätselhafte Steingebilde, die man für Megalithbauten halten könnte, doch handelt es sich hierbei schlicht um Lesesteinhaufen zur Flurbereinigung.

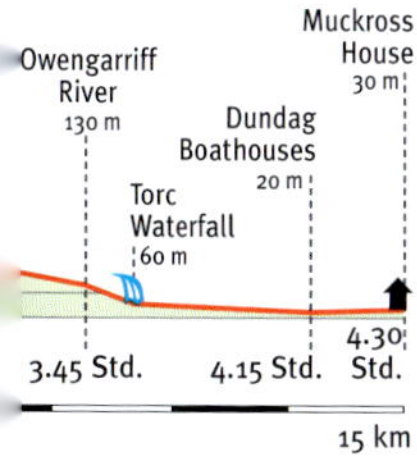

Am Ende der Ebene erreichen wir den Anfang eines Schotterweges, dessen früheres Steinpflaster stellenweise noch erkennbar ist. Er steigt zunächst einige Zeit an und verläuft dann ohne große Höhenunterschiede geradlinig durch offenes Moorland. Zur Rechten erhebt sich der Mangerton Mountain, mit 839 m die höchste Erhebung der näheren Umgebung, während links vor uns der **Torc Mountain** (535 m) liegt. Rechter Hand schlängelt sich der Owengarriff River durch die sumpfige Aue. Am Fuße des Torc Mountain taucht der Weg in schattigen Wald ein.

Wir gehen geradeaus an der Rechtsabzweigung vorbei, die über einen **Holzsteg** (Torc Old Bridge) führt, und bleiben weiter auf der linken Talseite. Kurz nach einer Linksabzweigung biegen wir scharf rechts auf den Geröllweg, der uns zu einer Flußbrücke über den **Owengarriff River** (3.45 Std.) hinabführt. 50 m danach halten wir uns an der Wegverzweigung links und kommen sogleich an einer großen bemoosten Buche (rechts) vorbei. Wir folgen dem schönen Weg bergab, begleitet vom munteren Rauschen des Flüßchens, das aus dem waldigen Tal empordringt.

Bald ist die Aussichtsplattform am **Torc Waterfall** erreicht, wo es mit der Einsamkeit unversehens vorbei

Am Torc Waterfall

ist. Über Sandsteinfelsen stürzt der 20 m hohe Wasserfall in Kaskaden die grüne Talschlucht hinunter. Wir folgen dem Weg am Flüßchen entlang bergab, lassen den Parkplatz rechts liegen und durchschreiten einen Tunnel, der unter der Straßenbrücke (Torc New Bridge) hindurchführt. Dahinter überqueren wir ein Asphaltsträßchen und marschieren geradeaus auf dem Schotterweg weiter. Über einen englischen Rasen, der von gemächlich grasenden Kühen kurzgehalten wird, schweift der Blick zum Muckross Lake.

Der Weg taucht wieder in Wald ein. Unweit einer mächtigen, vielfach verzweigten Monterey-Zypresse nähert sich der Schotterweg links einem Asphaltsträßchen. Ein Schild weist hier zu den nahen **Dundag Boathouses** (4.20 Std.) am Ufer des Muckross Lake. Nach dem Abstecher zu den Bootshäusern gehen wir zur Kiefer zurück und auf dem Schotterweg weiter, der nun in das Arboretum führt. Stundenlang könnte man in dieser wunderschön angelegten und äußerst gepflegten Parkanlage umherstreifen, die voller botanischer Kostbarkeiten ist. Auf der Nordseite des Arboretums erhebt sich **Muckross House** (4.30 Std.), das heute u.a. eine volkskundliche Ausstellung beherbergt.

Vor dem Hauptportal sehen wir den Halteplatz der Pferdedroschken, die uns zum Ausgangspunkt am Ross Castle zurückbringen. Eine kleine Verlängerungsmöglichkeit der Wanderung ergibt sich, wenn man bis zur Muckross Friary weitergeht (s. Wanderung 7) und ab hier mit der Pferdedroschke zurückfährt. Es ist jedoch nicht empfehlenswert, zu Fuß zum Ausgangspunkt zurückzukehren, da man die gesamte, 5 km lange Strecke entlang der Straße gehen müßte.

Zu knorrigen Baumriesen

Auf bequemen Waldwegen durch den Tomies Wood

Steil erheben sich die Berge am einsamen Westufer des Lough Leane, ungestört gedeihen hier uralte Eichen und Stechpalmen, die auf der Grünen Insel Seltenheitswert besitzen, inmitten einer üppigwuchernden Vegetation.

DIE WANDERUNG IN KÜRZE

+ Anspruch

2.30 Std. Gehzeit

9 km Länge

Charakter: einfach; gute Wege

Wanderkarte: OS Discovery Series, Blatt 78

Einkehrmöglichkeiten: keine

Anfahrt: von der Verbindungsstraße N72 Killarney/Killorglin biegt man in Richtung Beaufort ab, überquert sogleich den River Laune und fährt geradeaus weiter; nach knapp 2 km/1,2 mi geht es über eine kleine Brücke, unmittelbar danach an der Gabelung hält man sich links. Am Hotel Dunloe Castle stößt man auf eine Vorfahrtsstraße und fährt geradeaus weiter. Bald verläßt man die nach links abbiegende Vorfahrtsstraße und fährt geradeaus weiter (Wegweiser ›Lough Leane‹). Nach 800m/0,5 mi biegt das Sträßchen über eine kleine Brücke; direkt davor kann man am linken Straßenrand parken (unbedingt die Fahrbahn freihalten!)

Vom **Parkplatz** vor der kleinen Brükke folgen wir geradeaus dem Schotterweg (kleiner brauner Wegweiser ›Tomies Wood‹), passieren ein Eisengittertor mit *kissing gate* und kommen durch ein landwirtschaftliches Gehöft. Hier schreiten wir durch ein weiteres Eisengittertor (bitte wieder schließen) und folgen dem Feldweg auf die Berghänge zu; links eröffnet sich ein erster Blick auf den Lough Leane. Am Waldrand gehen wir durch ein *kissing gate* neben einem Holzgatter und überqueren einen **Bachlauf.** Dahinter laufen wir an einer Linksabzweigung an einem Felsbrocken vorbei auf dem Hauptweg weiter und halten uns kurz darauf an einer **Gabelung** (15 Min.) vor einem Felsbrocken links.

Ein bequemer Weg führt durch den Tomies Wood. Uralte knorrige Baumriesen recken sich in den Himmel, Moose und Farne sitzen im verzweigten Geäst. Im Herbst liegt der Geruch von Laub und feuchter Erde in der Luft. Dieser urwüchsige Eichenwald vermag eine Vorstellung davon zu geben, wie große Teile der Grünen Insel einst ausgesehen haben. Neben Hasel, Schwarzerlen, Ulmen, Birken und Kiefern waren Traubeneichen *(Quercus petraea)* weitverbreitet. Diese bis zu 40 m hohe Eichenart gedeiht auf ärmeren und sauren Böden, wie sie in Irland vorherrschen, besonders gut.

Tomies Wood gehört zum großen Nationalpark von Killarney, der sich rings um die Seenplatte erstreckt, und steht heute unter strengem Schutz. Während einst Rodung und Kahlschlag zur Vernichtung der Wälder führten, ist inzwischen der Rhododendron zur größten Bedrohung der wenigen verbliebenen Restbestände geworden.

Wir erreichen eine **Wegverzweigung** und machen hier zunächst einen Abstecher nach links (Wegweiser zur O'Sullivan's Cascade). Im Auslauf der Linksbiegung, die dieser Weg beschreibt, zweigen wir rechts auf einen anfänglich geschotterten Pfad ab. Über Stufen steigen wir steil in ein wildromantisches Flußtal hinab. Ungestüm stürzt ein Wildbach über bemooste Felsbrocken herab, große Farne stehen am Ufer. Sonnenstrahlen dringen durch das Blätterdach und lassen die Tautropfen im Gras funkeln. Links gelangt man zum Ufer des Lough Leane hinunter; der Blick schweift über den stillen See. Rechts ansteigend kommt man zur **O'Sullivan's Cascade** (45 Min.). Über eine dunkle Felswand, an die sich Farne klammern, ergießt sich der Wasserfall mit mächtigem Getöse in ein Felsenbecken.

Nach diesem Abstecher kehren wir zum Hauptweg zurück und wandern links weiter. Auf einer Holzbrücke überqueren wir das **Flüßchen,** das weiter unten über den Wasserfall hinabstürzt. Bald nimmt uns Nadelwald auf. Der Weg steigt an und gewährt herrliche Ausblicke über den Lough Leane. Am gegenüberliegenden Seeufer erkennen wir die Ruine von Ross Castle, dahinter Killarney. Schließlich lassen wir den Nadelwald hinter uns. Unten am Hang breitet sich ein wunderschöner Hain mit knorrigen alten Stechpalmen aus. Rechts steigen die baumlosen Hänge über die Coomclochan (›steinige Hangvertiefung‹) zum Tomies Mountain und Purple Mountain (832 m) an.

Der Weg beschreibt eine Rechtsbiegung und führt am Hang entlang zurück. An einer **Furt** (1.45 Std.) überqueren wir auf großen Felsbrocken erneut das Flüßchen. Danach gelangen wir wieder in schönen Eichenwald und wandern gemütlich weiter. Wir erreichen schließlich die **Gabelung** (2.15 Std.) des Hinwegs, wenden uns nach links und kehren über das Gehöft zu unserem Parkplatz an der kleinen **Brücke** (2.30 Std.) zurück.

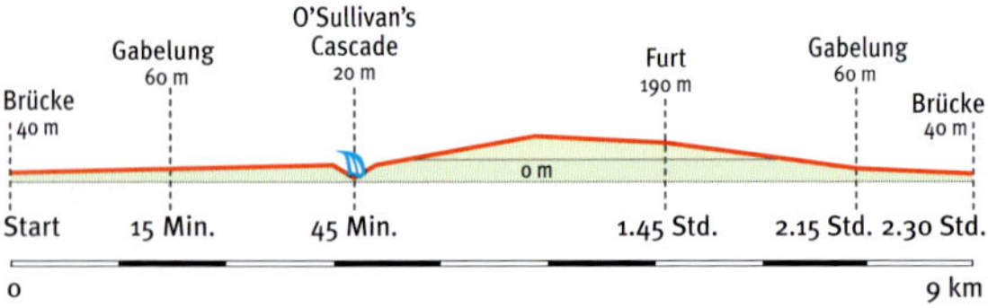

Auf das Dach Irlands

Aufstieg zum Carrauntoohil in den Macgillycuddy's Reeks

Mit schwindelerregend steilen Flanken, tiefen Tälern und einsamen Moorseen erhebt sich ein wildes Gebirge im Herzen von Kerry. Die Gletscher der Eiszeit haben ganze Arbeit geleistet, Wind und Wetter ein übriges getan, um dieses rauhe Bergland entstehen zu lassen

DIE WANDERUNG IN KÜRZE

+++
Anspruch

5.30 Std.
Gehzeit

12 km
Länge

Charakter: anspruchsvoll; die anstrengende Tour empfiehlt sich nur erfahrenen Bergwanderern und sollte nur bei sicherer Wetterlage unternommen werden. Bei tiefhängenden Wolken ist eine Besteigung des Carrauntoohil gefährlich. Der Aufstieg über die Devil's Ladder ist sehr steil und erfordert Trittsicherheit. Nach stärkeren Niederschlägen führt der Gaddagh River so viel Wasser, daß Flußdurchquerungen nicht ganz leicht sind; die Teufelsleiter verwandelt sich in einen Sturzbach.

Wanderkarte: OS Discovery Series, Blatt 78

Einkehrmöglichkeiten: Cronin's Yard am Ausgangspunkt (Getränke)

Anfahrt: von der N72 (Killarney/Killorglin) nach Beaufort abbiegen, den River Laune überqueren und geradeaus durch den Weiler, unmittelbar hinter einer kleinen Brücke nach rechts abbiegen, an einer Kreuzung wieder rechts, vorbei an der Abzweigung zur ›Gap of Dunloe‹; in der Streusiedlung Carhoonahone geradeaus über eine Kreuzung mit Tankstelle hinweg; nach etwa 150 m die beschilderte Abzweigung nach links zum Carrauntoohil hinauf an einigen Häusern vorbei bis zum letzten Hof; links steht eine Telefonzelle, gebührenpflichtiger Privatparkplatz

Wir durchschreiten das Eisengittertor am **Gehöft** und folgen dahinter dem Wiesenpfad. Bald erreichen wir vier Eisentore und gehen durch das linke hindurch. Dann führt ein Betonsteg über einen Bachlauf. Danach wird der Weg etwas steiniger und breiter. Wir passieren einen Betonwasserbehälter und einen **Grenzstein** (›SV‹), beide links, und überqueren ein kleines Flüßchen auf Trittsteinen. Ungefähr 100 m dahinter weist ein weißer Pfeil auf einem Felsbrocken nach rechts; an dieser Stelle dürfen wir nicht geradeaus auf dem ansteigenden Weg weitergehen. Bald ist der **Gaddagh River** (30 Min.) erreicht, den es auf verstreut im Flußbett liegenden Fels-

Hags Glen

brocken zu durchqueren gilt. Bei hohem Wasserstand kann es eine Weile dauern, bis die Passage bewältigt ist.

Danach geht es ungefähr 50 m hangaufwärts, ehe der Weg unterhalb eines **Grenzsteins** (›WM‹) nach links schwenkt und weiter ansteigt. Wir gelangen auf einen Fahrweg und wandern nach links (fast geradeaus) weiter. Bequem marschieren wir nun auf diesem Weg dahin, der allmählich im Gaddaghtal ansteigt. Links ist der Flußlauf tief in die Geröllmassen eingeschnitten, die ein Gletscher während der letzten Eiszeit als Moräne abgelagert hat. Fast genau in Blickrichtung vor uns erhebt sich der Carrauntoohil, dessen gälischer Name *Corrán Tuathail* (Sichel, gezackter Bergkamm) aus dieser Perspektive besonders augenfällig ist. Sofern nicht gerade Wolken den Blick verwehren, ist das Gipfelkreuz deutlich erkennbar. Am rechten Wegesrand kommt eine **Betonrinne,** die wir uns für den Rückweg merken sollten. Schließlich erreichen wir den Hags Teeth, wo der Gaddagh River erneut auf Trittsteinen überquert werden muß.

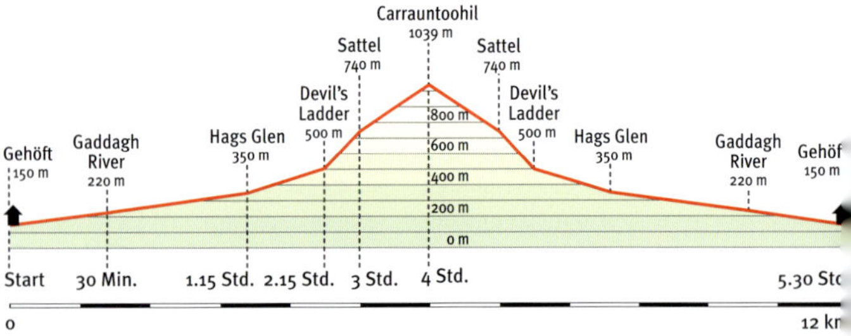

Der steinige Weg führt schließlich in den urgewaltigen Talkessel **Hags Glen** (1.15 Std.), der auf drei Seiten von hohen Bergwänden umschlossen ist. Zur Linken taucht der Lough Callee in wilder Einsamkeit auf. Bei einem großen Steinmännchen am rechten Wegesrand verschmälert sich unser Weg. Wir lassen den See links liegen und wandern auf dem ziemlich unscheinbaren Weg weiter, der hin und wieder mit Steinmännchen markiert ist. Die umliegenden Berghänge rücken allmählich dichter zusammen; rechts liegt der Lough Gouragh in einer versumpften Senke. Der Weg verläuft sich allmählich, und auch nach den hilfreichen Steinmännchen halten wir nun vergeblich Ausschau. Weglos wandern wir durch das morastige Talende auf die deutlich erkennbare Geröllrinne zu, die in Blickrichtung vor uns bedrohlich steil die Felsen herabstürzt. Unser Fortkommen wird durch Wasserläufe, morastige Geländebereiche und kleine Felspartien erschwert, doch schließlich stehen wir am Fuße der **Devil's Ladder** (2.15 Std.).

Keine Frage: Der bloße Anblick der Teufelsleiter ist ziemlich furchteinflößend, und gewiß wird man einen Moment zögern, diesen Aufstieg zu wagen. Aber die Felsstufen gewähren festen Halt, und so steigen wir zwar steil, aber doch mit festem Tritt in der Geröllrinne auf. Vorsicht ist vor losem Geröll geboten, auf dem man ausrutschen könnte. Während des Aufstiegs lohnt es sich, ab und zu innehalten, um einen Blick zurück in das Hags Glen mit den beiden einsamen Seen zu werfen.

Am Ende der Teufelsleiter gelangen wir auf einen **Bergsattel** (3 Std.), über den der Wind hinwegfegt. Nach Südwesten bietet sich ein hinreißender Ausblick auf das einsame, von

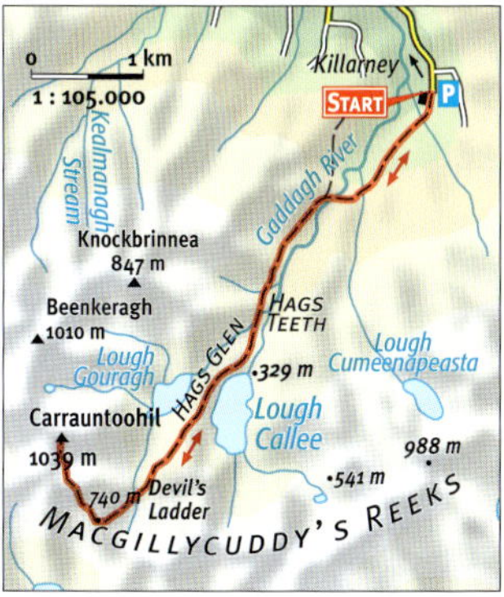

Seen durchsetzte Bergland. Nach einer kleinen Verschnaufpause beginnen wir mit der letzten Etappe zum Gipfel. Mehrere Aufstiegsrouten, die mit Steinmännchen gekennzeichnet sind, verlaufen rechts am gerölligen Hang. Wir schließen uns der Hauptroute an und wandern nach Nordwesten bergauf. Der Gipfel des **Carrauntoohil** (4 Std.) ist von einem großen Metallkreuz gekrönt; daneben liegt eine kleine Steinumfriedung. Der Carrauntoohil ist mit 1039 m nicht nur der höchste Berg der Macgillycuddy's Reeks, der ›steilen schwarzen Berge‹ *(Na Cruacha Dubha)*, sondern auch die höchste Erhebung Irlands. Für den anstrengenden Aufstieg werden wir mit einem großartigen Panorama belohnt. Bei dunstarmer Witterung bietet sich vom Dach Irlands ein großartiger Rundblick über den gesamten Südwesten Irlands.

Wir kehren auf demselben Weg zurück. Etwa eine Viertelstunde nach Erreichen der **Betonrinne** am Wegesrand biegt unser Hinweg schräg rechts ab; die Abzweigung ist unscheinbar und aus dieser Richtung leicht zu übersehen. Ein letztes Mal überqueren wir den Gaddagh River und marschieren schnurstracks zum **Gehöft** (5.30 Std.) zurück.

Tour 14

Tee im gräflichen Jagdhaus

Entlang dem River Caragh zum Glencar House

Eine paradiesische Flußlandschaft inmitten herrlicher Laubwälder, in Sichtweite der höchsten Berge Irlands gelegen, sowie eine wildromantische Felsgruppe mit Blick über den Lough Caragh erwarten Wanderer auf dieser Route.

DIE WANDERUNG IN KÜRZE

+ Anspruch

3.15 Std. Gehzeit

12 km Länge

Charakter: einfach; gute Wege

Markierung: etwa die Hälfte des Weges folgt dem markierten Kerry Way

Wanderkarte: OS Discovery Series, Blatt 78

Einkehrmöglichkeiten: Glencar House, ✆ 066/60102; Climber's Inn

Anfahrt: über die N70 von Glenbeigh oder Killorglin; 1,6 km/1 mi östlich der Brücke über den Caragh auf eine Nebenstraße abbiegen (ausgeschildert: ›Glencar, Caragh Lake‹), nach 600 m auf die unbeschilderte Straße nach rechts abzweigen, wieder den Caragh überqueren, weiter geradeaus an allen Abzweigungen vorbei entlang dem Westufer des Lough Caragh bis zu einem gelben Haus (links), wo sich die Straße vor einem Picknickplatz verzweigt (ca. 300 m vor der Blackstones Bridge)

Hinweis: Der Weg entlang dem River Caragh führt durch ein Angelrevier, das zum Glencar House gehört und in dem Lachsfischerei betrieben wird (17.1.–30.9., Hauptsaison Feb.–Juni). Bitte ruhig verhalten.

Wir folgen der Straße links am Picknickplatz vorbei und erreichen nach fünf Minuten die **Blackstones Bridge.** In vier Bögen überspannt diese schöne alte Steinbrücke den River Caragh, der sich zwischen mächtigen bemoosten Felsbrocken verbreitert. Unmittelbar vor der Brücke gehen wir auf einem **Schotterweg** ungefähr 25 m nach rechts, bis im

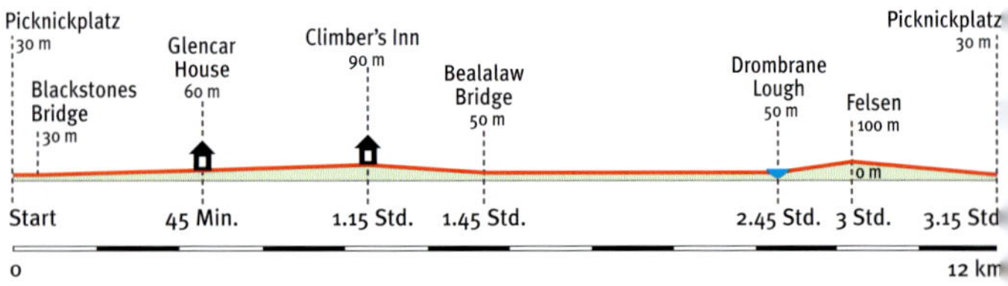

linken Steinmäuerchen ein kleiner Durchlaß kommt. Hier folgen wir dem Pfad, der alsbald über einen Zauntritt führt, am waldigen Ufer des River Caragh entlang flußaufwärts. Auf der gegenüberliegenden Flußseite erhebt sich das gelbe Blackstones House.

Die wildromantische Flußpartie ist ein geschätztes Angelrevier der Lachsfischer vom nahen Glencar House. Sollte man hier an einem regnerischen Tag unterwegs sein (die Fische beißen dann bekanntlich besonders gut), wird man sicherlich so manchen Petrijünger antreffen. Als ersten Angelteich passieren wir den Blackstones Pool (No. 10), dann den Kennedy's Pool (No. 9). Nun folgen wir kurz einem alten steingepflasterten Weg, ehe es wieder auf einem Pfad am Flußufer entlanggeht. Wir kommen an dem langen Pool Long Range & Joinings (No. 7) vorbei, ehe wir den Flußlauf auf einem **Steg** überqueren und in der Wiesenaue flußaufwärts marschieren.

Am Ende der Wiese durchschreiten wir ein Eisengittertor und folgen dem Fahrweg, der am Flußufer entlangführt. Hier passieren wir den großen Boat Pool (No. 6). Der Fahrweg entfernt sich vom Caragh und steigt allmählich im Wald zum **Glencar House** (45 Min.) an. Das ehemalige Jagdhaus des Grafen von Landsdowne, das heute als Hotel dient, bietet sich für eine Rast mit *tea and biscuits* an. Wie befand doch eine altehrwürdige Lady eines stürmischen Tages, als draußen der Wind pfiff und der Regen unablässig gegen die Scheiben trommelte: *»Hot tea on a cold day, nothing can beat it!«* (Heißer Tee an kalten Tagen ist einfach unschlagbar.)

Wir folgen der Zufahrtsstraße rechts am Haus vorbei. Rechts ist

das alte Eisentörchen beachtenswert, ein sogenanntes *kissing gate,* das in einen verwunschenen Garten führt. Linker Hand stehen eine mächtige Kiefer und eine uralte Eibe vor dem Haus. Von großen Drachenbäumen, Rhododendren und Stechpalmen gesäumt, führt die Straße zu einer Querstraße bei einigen Häusern. Wir wandern rechts weiter; zur Linken schweift der Blick über Moorland bis zu den Anhöhen der Macgillycuddy's Reeks. Die Straße führt geradlinig bis zu einer Straßenkreuzung. Links steht die **Climber's Inn** (1.15 Std.), die seit über einhundert Jahren Wanderern Unterkunft gewährt und zugleich Foodstore, Glencar Post-Office, Country Inn und Café ist.

Wir wandern geradeaus auf dem Feldweg weiter und lassen uns nun von den Wegweisern des Kerry Way leiten. Rechts kommen zwei Wohnhäuser, später ein altes leerstehendes Cottage. Danach ist unser Weg stellenweise grob mit Steinen gepflastert. Wir gelangen schließlich auf die Biegung einer Asphaltstraße, der wir geradeaus folgen. In dem Moorland beiderseits der Straße

Kissing gates *wie hier am Glencar House dienen in Irland häufig als Weidegatter. Wenn zwei Personen nacheinander ein* kissing gate *durchqueren und sich dann am Schwenkgatter Auge in Auge gegenüberstehen (was zwangsläufig passiert, da man sich beim Durchschreiten automatisch nach innen wendet), geben sich die beiden nach einem alten irischen Brauch über das trennende Gatter hinweg einen Kuß.*

wird Torf gestochen, wie an den unterschiedlich hohen Geländestufen deutlich zu erkennen ist.

Bald halten wir uns an einer Straßenverzweigung links und gehen geradeaus über die **Bealalaw Bridge** (1.45 Std.), die mit einem hohen Steinbogen den River Caragh überspannt. Tief ist der Flußlauf hier zwischen Felsen eingeschnitten. Direkt hinter der Brücke biegen wir rechts ab (Wegweiser ›The Kerry Way‹), durchschreiten ein Eisengittertor (schließen!) und folgen dem Anglerpfad entlang der linken Flußseite, wo felsige und sumpfige Partien sich abwechseln.

Wir spazieren nun durch eine Wiesenaue und überqueren auf einem Holzsteg einen kleinen Zulauf des Caragh. Dahinter biegt unsere Wanderroute nach links, doch zuvor kann man einen kleinen Abstecher geradeaus zum waldigen Flußufer machen. Das Auengehölz weicht schließlich zurück; breit und träge strömt der Fluß durch eine einsame Ebene dahin. An einem Weidezaun, der den weiteren Weg versperrt, machen wir kehrt und gehen zum Holzsteg zurück. Davor wenden wir uns nach rechts und wandern am Bach entlang weiter.

An einem Holzsteg über den Bach wenden wir uns nach links und laufen geradeaus durch einen Fichtenforst. Alsbald treten wir aus dem dunklen Wald und biegen nach rechts. Nun wandern wir geradeaus durch eine Lichtung, die zunächst eventuell vernäßt ist; schließlich geht es auf einem Forstweg entlang. Ringsum erstreckt sich der Lykeen Wood, ein kleiner Restbestand der einst reichen Wälder im Caraghtal.

Überraschend taucht rechts zwischen den Bäumen der **Drombrane Lough** (2.45 Std.) auf, ein stiller Waldsee, der infolge Torfabbaus entstanden ist. Ein kurzer Stichweg führt zum einsamen Seeufer hinab. Kurz danach passieren wir eine Holzschranke und gehen geradeaus auf dem Asphaltsträßchen weiter, das von links heranführt. Wir verlassen es schon bald und biegen schräg links auf einen Waldweg ab, der hinter einer Eisenschranke zwischen zwei Steinsäulen beginnt und hangaufwärts führt. Bald geht es auf einem Pfad weiter bergauf, der teilweise über Steinstufen ansteigt. Verstreut im Wald liegen mächtige Felsbrocken. An der höchsten Stelle bietet sich von einem **Felsen** (3 Std.) ein herrlicher Blick über die Baumwipfel hinweg auf den Lough Caragh – das ideale Rastplätzchen!

Teils über Steinstufen schlängelt sich unser Pfad durch wildromantischen Wald bergab. Schließlich stoßen wir auf einen Querweg, folgen ihm nach rechts und gehen sogleich an einer Linksabzweigung vorbei. Wir bleiben nun auf diesem Weg, passieren eine Holzschranke und stoßen auf eine Asphaltstraße. Der Kerry Way setzt sich nach links fort, wir jedoch gehen die Straße nach rechts zu unserem Ausgangspunkt am **Picknickplatz** (3.15 Std.) zurück.

Glencar House

Im Herzen der Grafschaft Kerry, zu Füßen der mächtigen Macgillycuddy's Reeks, ließ sich der Earl of Landsdowne um 1730 ein Jagdhaus im waldreichen Tal des River Caragh errichten. Unter seinem bürgerlichen Namen William Petty war der begeisterte Jäger als Stabsarzt im Dienste Cromwells tätig gewesen und hatte sich große Verdienste erworben, wofür ihm das Adelsprädikat verliehen und Land geschenkt wurde. Als im Caraghtal unweit der Blackstones Bridge Eisenerz entdeckt wurde, rief der neuernannte Graf walisische Minenarbeiter ins Land. Es entstand eine kleine Bergbaugemeinde mit Läden und eigener, natürlich protestantischer Kirche, deren Ruinen noch heute zu sehen sind. Um die Schmelzöfen mit Holzkohle befeuern zu können, wurden die umliegenden Eichenwälder abgeholzt. Nachdem der letzte Baum gefällt worden war, erlosch auch das Feuer in der Schmelze, und der Bergbau kam zum Erliegen. Ohne Arbeit und ihrem Schicksal selbst überlassen, versuchten viele walisische Familien, in ihre Heimat zurückzukehren. Einige wenige blieben in Kerry, ihre Nachkommen tragen noch typisch walisische Familiennamen wie Tyler.

Auch mit dem Geschlecht derer von Landsdowne ging es bergab. Das Jagdhaus mit den umliegenden Ländereien wurde 1780 von einer irischen Großgrundbesitzerfamilie erworben und blieb als Glencar House bis 1989 in ihrem Besitz. Der Angelsport hat hier große Tradition, gilt der nahe Caragh doch als einer der lachsreichsten Flüsse Irlands. Mehrere 100 Lachse werden jedes Jahr aus den Gewässern geholt. Glencar House ist heute ein stimmungsvolles Hotel, das bevorzugt von Anglern, aber auch von Wanderfreunden frequentiert wird. Am prasselnden Kaminfeuer kann man sich abends bei einem Glas Guinness von erfahrenen Lachsfischern im Anglerlatein unterrichten lassen.

Der Ritt auf dem Schimmel

Eine Doppelschleife rund um Glenbeigh

Verschiedenste Landschaftsformen machen den Reiz dieser abwechslungsreichen Tour aus: ein stiller See, hohe Berge, karge steinige, von den Gletschern der letzten Eiszeit gezeichnete Abhänge, eine moorbedeckte Senke und die nahe Steilküste.

DIE WANDERUNG IN KÜRZE

++ **Anspruch**

6.30 Std. **Gehzeit**

23 km **Länge**

Charakter: mittelschwer angesichts der Länge; die Orientierung ist leicht; gute Wege und Sträßchen

Wanderkarte: OS Discovery Series, Blatt 78

Einkehrmöglichkeiten: in Glenbeigh

Anfahrt: Glenbeigh liegt an der N70 (Ring of Kerry) im Norden der Iveragh Peninsula; Parkplatz in der Ortsmitte gegenüber dem Postamt

Abkürzung: Die Wanderung beschreibt von Glenbeigh aus eine Doppelschleife und kann in zwei Einzeltouren aufgeteilt werden: Die Umrundung des Seefin dauert ca. 3.30 Std. und ist gut 12 km lang; der Weg um den Rossbehy Hill dauert ca. 3 Std. und ist knapp 11 km lang.

Von **Glenbeigh** marschieren wir entlang der Hauptstraße (N70) in Richtung Killorglin und biegen nach einer halben Stunde rechts auf ein Asphaltsträßchen ab (Wegweiser ›Treanmanagh‹). Wir gehen geradeaus, passieren bald einen Abzweig nach links und wandern gemächlich bergan. Unten in der Niederung erstreckt sich Weideland, das allmählich von Farnen und Stechginster erobert wird. Wir erkennen den River Caragh und den Verlauf der 1893 eröffneten, jedoch bereits 1960 stillgelegten Bahntrasse der Great Southern and Western Railway; drei Pfeiler des Viaduktes über den Fluß sind noch erhalten.

Der Caragh findet schon in einer keltischen Sage Erwähnung, die davon berichtet, wie Diarmuid und Grainne von einem guten Riesen namens Modán über den Fluß getragen wurden (s. Wanderung 27). In einer Höhle im Tal des River Behy fanden die flüchtenden Liebhaber schließ-

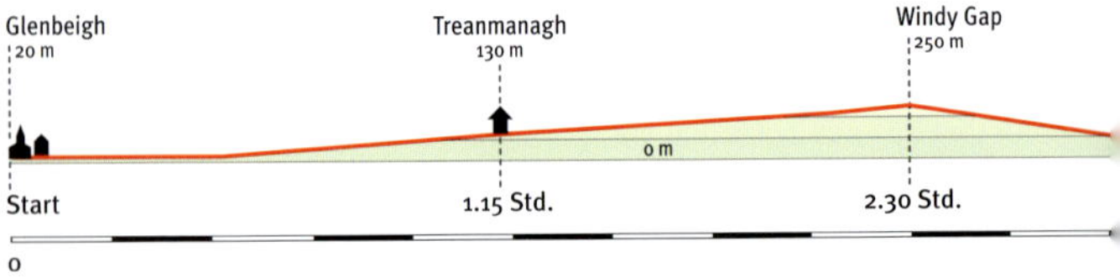

lich Schutz und hielten sich dort einige Tage verborgen. Beim Bau der Eisenbahn wurde diese Höhle zerstört.

Allmählich tritt ein Zipfel des Lough Caragh ins Blickfeld, und nach weiterem Anstieg tauchen in der Ferne die Macgillycuddy's Reeks auf, die höchsten Berge Irlands. Auf einer Anhöhe erreichen wir eine **Kreuzung** (1 Std.), an der wir geradeaus (leicht bergan) auf dem asphaltierten Sträßchen weitergehen. Während wir nun durch einen kleinen Hangeinschnitt wandern, haben wir einen schönen Blick auf den mittleren Abschnitt des Lough Caragh, der von steilen grünen Hängen umsäumt ist. Eine kleine waldige Halbinsel, Madame O'Donoghue's Island genannt, erstreckt sich tief in den See, ja scheint ihn beinahe zu trennen. Verborgen im dichten Baumbewuchs und von uns aus nicht sichtbar liegt ein *Cillín,* ein Friedhof für ungetaufte Kinder, auf dem während der großen Hungersnot zahlreiche Bestattungen vorgenommen wurden.

Bei einem Hof, dem einzigen noch bewirtschafteten des kleinen Weilers **Treanmanagh** (1.15 Std.) mit alten Steinhäusern, setzt sich unser Weg geschottert fort. Hinter einer Wegbiegung öffnet sich der Blick auf den Oberlauf des Lough Caragh, der von urwüchsigen Wäldern umgeben ist. Wir wandern an einer Abzweigung vorbei, die links zu Tal führt, auf dem Hauptweg weiter. Die nächste Zeit geht es nun gemütlich an den Hängen des Seefin entlang, und wir genießen die Aussicht auf die wilde und einsame Landschaft.

An einer **Weggabelung** (2.15 Std.), kurz vor einer scharfen Linkskehre, verlassen wir den Hauptweg, der nach links bergab führt, und gehen schräg rechts (hinter einem Eisengittertor) auf dem ansteigenden Nebenweg weiter. Wir befinden uns auf einem alten, einst mit Steinen angelegten Kutschenweg, der zu einem Einschnitt in dem vor uns liegenden Bergrücken emporführt. Während des Anstiegs schweift der Blick über karge steinübersäte Abhänge und ein düsteres Moor in einer Senke – eine von den Gletschern der letzten Eiszeit geprägte, nordisch anmutende Landschaft.

Auf der Paßhöhe haben wir die **Windy Gap** (2.30 Std.) erreicht. Der Wind fegt uns ins Gesicht und läßt keinen Zweifel, daß der Paß seinen Namen völlig zu Recht trägt. Unvermittelt öffnet sich eine großartige Sicht über das grüne Tal von Glenbeigh hinweg auf die Dingle Bay; im Hintergrund erstreckt sich die Dingle-Halbinsel. Vor uns liegt der Rossbehy Hill, den wir auf der zweiten Hälfte der Wanderung umrunden werden. Es geht nun bergab, und allmählich rückt rechts die Ortsmitte von Glenbeigh in unser Blickfeld.

Nach kurzem Abstieg überqueren wir einen **Bachlauf,** der sich unterhalb des Weges rasch zur tief eingeschnittenen Schlucht entwickelt und Cummergorm Glen genannt wird.

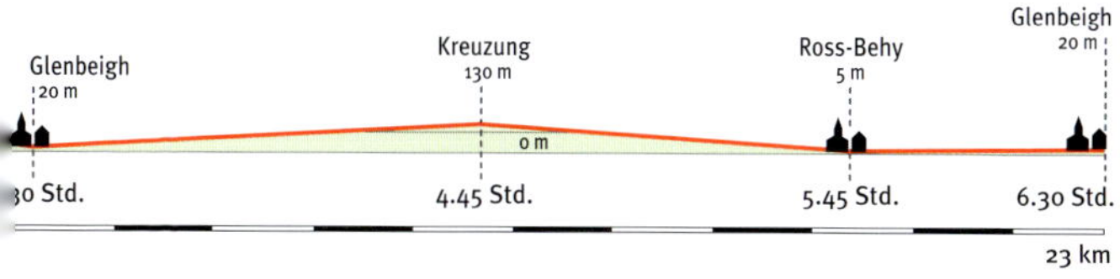

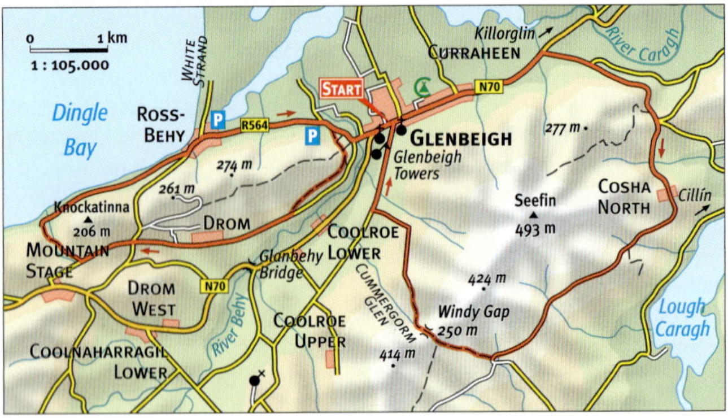

Wir überqueren einen weiteren Bachlauf. Inmitten des Weges entspringen zwei kleine Quellen, die den Boden ein Stück weit vernässen. Beim ersten Haus geht der Weg in ein Sträßchen über und verläuft weiter bergab. Wir stoßen schließlich auf eine Querstraße und laufen rechts weiter.

Bald erblicken wir links unten am Hang die Ruine von **Glenbeigh Towers,** auch Wynn's Folly genannt. Lord Headley of Aghadoe ließ sich das Herrenhaus 1867 errichten. Er war ein gefürchteter, tyrannischer Baron, der 1886–87 zahlreiche in der Gegend ansässige Familien, die durch die Abgabenlast in finanzielle Not geraten waren, auf so grausame Weise vertreiben ließ, daß er damit sogar in der Londoner ›Times‹ Schlagzeilen machte. Als *Glenbeigh Evictions* ging diese Vertreibungsaktion in die Geschichte ein. Lord Headleys Sohn wurde Moslem und nahm den Namen Al-Hadji an, was dem Ruf der Familie nicht gerade förderlich war. Wynn's Folly wurde während des irischen Unabhängigkeitskampfes im Jahr 1922 niedergebrannt.

An der katholischen Kirche stoßen wir wieder auf die Hauptstraße in **Glenbeigh** (3.30 Std.). Links steht die traditionsreiche Towers Old Bar, in der ein kleines Lunch erhältlich ist. Auf Gälisch heißt der Ort *Gleann Beithe,* Birkental. Bereits Mitte des 19. Jh. erfuhr Glenbeigh einen touristischen Aufschwung, als Lady Headley einige *sun-bathing lodges* und Ferienhäuschen für englische Urlauber herrichten ließ. Von Killarney fuhren Pferdedroschen, sogenannte *Bianconi cars,* auf der neuen Straße über Killorglin nach Glenbeigh und noch einige Meilen weiter bis Mountain Stage (Bergstation), wo die Pferde gewechselt wurden.

Unsere zweite Wanderrunde beginnt, indem wir der Hauptstraße (N70) nach links folgen. Wir passieren das Postamt und halten uns an der **Straßengabelung** kurz vor einer kleinen Kirche (Church of Ireland) rechts. Auf einer wunderschönen alten Steinbrücke überqueren wir den Behy River und folgen der Straße nach rechts. Bald kommt auf der linken Straßenseite ein Parkplatz. Dahinter überqueren wir einen kleinen Rastplatz und gehen den Fußweg im Nadelwald empor. Nach kurzer Zeit folgen wir dem Hauptweg um eine Linksbiegung weiter bergauf, vorbei an einer Abzweigung nach rechts.

Der Weg steigt noch ein wenig im Wald an und verläuft dann parallel zum Hang. Der feuchte schattige Boden ist stellenweise von weißblühendem Waldsauerklee *(Oxalis acetosella)* bedeckt, dessen Blätter mit nur 1/70 des normalen Tageslichtes auskommen. Wir wandern immer geradeaus auf dem Hauptweg, der schließlich in ein Asphaltsträßchen mündet. Hier wenden wir uns nach rechts und gehen leicht ansteigend weiter. Bald schweift der Blick nach links über grüne, von Hecken parzellierte Viehweiden, die sich in der Niederung des River Behy ausbreiten. Dahinter steigt ödes Bergland an. Zahlreiche Ebereschen säumen den Wegesrand; im September leuchten die Vogelbeeren rot an den Zweigen.

Wir laufen schließlich geradeaus über eine **Kreuzung** (4.45 Std.) hinweg. Unmittelbar vor der tiefsten Stelle einer Senke, die das Sträßchen durchquert, biegen wir rechts auf einen Seitenweg ab und wandern bergab. Beim letzten Haus gehen wir geradeaus einen Fußweg weiter hinunter. Auf einem Brückchen überqueren wir einen Bachlauf und schreiten dahinter durch ein Eisengittertor mit Pforte. Nun geht es auf der linken Seite der kleinen Talschlucht bergab. Auf den vernäßten Partien des Weges kann man das fleischfressende Großblütige Fettkraut *(Pinguicula grandiflora)* entdecken. Kleine Insekten bleiben auf der klebrigen Oberfläche der hellgrünen Blattrosette hängen und werden hier durch Sekrete verdaut. Im Frühsommer erscheinen die hohen dunkelvioletten Blüten.

Weiter unten am Hang passieren wir ein Holzgatter, gehen gleich darauf zwischen zwei Häusern hindurch (das rechte ist mit einem schönen Reetdach gedeckt; 5.15 Std.) und gelangen auf den Anfang eines Sträßchens. Mit wunderschönem Blick auf die Dingle Bay und die gegenüberliegende Halbinsel wandern wir nun am Hang entlang. Zwei sandige Nehrungen schieben sich von beiden Seiten in die Meeresbucht hinein, ja scheinen sich fast zu berühren: Der Rosbehy Point zur Rechten und der ungleich größere Inch Point zur Linken umschließen ein landeinwärts gelegenes Haff namens Castlemaine Harbour. Immer geradeaus erreichen wir schließlich die kleine Feriensiedlung **Ross-Behy** (5.45 Std.; auch Rossbeigh geschrieben).

Wir haben die Wanderung nun fast beendet und können einen Spaziergang entlang dem White Strand machen, der sich über ganze 4 km am Rossbehy Point erstreckt. Der keltische Sagenschatz erfüllt auch diesen Ort mit Leben. Von hier sollen Oisin und Niamh, ein nach der Legende sich inniglich liebendes Paar, auf einem Schimmel über das Meer geritten sein... auf dem Wege zur Tir na n'Og, dem Land der ewigen Jugend (s. Wanderung 18).

Unsere Tour führt von Ross-Behy auf der Straße weiter und links über die uns bekannte Brücke am Behy River hinweg nach **Glenbeigh** zurück (6.30 Std.).

Tour 16

Der ›See in der Niederung‹

Von Waterville rund um den Lough Currane

Im Süden der Iveragh Peninsula sind Meer und Festland ganz besonders innig miteinander verwoben. Hohe Berge türmen sich landeinwärts, mächtige Landzungen schieben sich in den Atlantik und eine fast kreisrunde Bucht öffnet sich zum Meer.

DIE WANDERUNG IN KÜRZE

++ Anspruch

6.30 Std. Gehzeit

21 km Länge

Charakter: mittelschwer; die Wanderung stellt keine besondere Anforderungen, ist aber recht lang

Wanderkarten: OS Discovery Series, Blatt 83 oder 84

Einkehrmöglichkeiten: Pubs, Restaurants und *tea rooms* in Waterville; unterwegs keine

Anfahrt: Waterville liegt auf der N70 (Ring of Kerry) im Süden der Iveragh-Halbinsel, Parkmöglichkeit im Ort an der Uferpromenade

Wir verlassen **Waterville** auf der Hauptstraße (N70) Richtung Süden und überqueren den Currane River auf einer alten Steinbrücke. Flußaufwärts liegen Fischerboote im Röhricht, das sich im Uferbereich ausdehnt. Im Herbst zieren dekorative Blütenstände das bis zu vier Meter hohe Schilfrohr *(Phragmites australis)*, das größte heimische Gras Irlands. Kurz hinter der **Brücke** nehmen wir die asphaltierte Abzweigung nach links (verschiedene Wegweiser, u. a. Museum/Heritage Centre, B&Bs). Das Sträßchen führt an baumbestandenen Anwesen vorbei; links liegt die ehemalige Anlage des Club Med am Seeufer. Auf den schattigen Steinmäuerchen am Straßenrand gedeihen der Tüpfelfarn *(Polypodium vulgare)* und die Hirschzunge *(Phyllitis scolopendrium)* mit ihren lederigen zungenförmigen Blättern.

Nachdem wir den dichten Baumbewuchs hinter uns gelassen haben, öffnet sich der Blick auf die weite Wasserfläche des **Lough Currane,** dessen gälischer Name *Loch Luíoch* sich mit ›See in der Niederung‹ über-

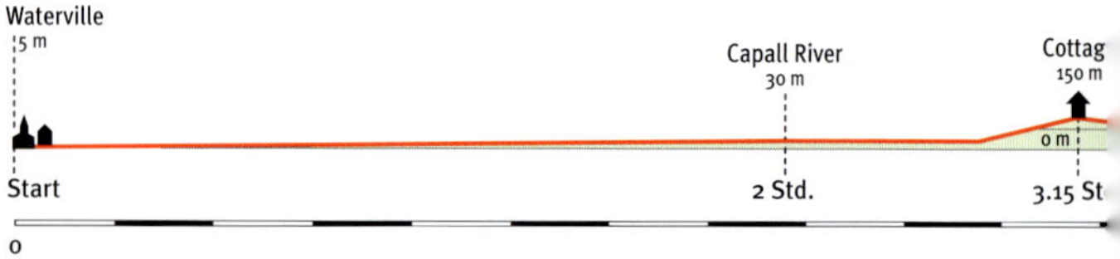

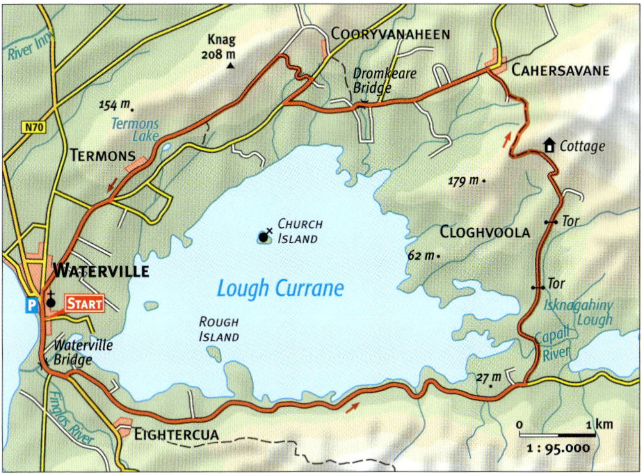

setzen läßt. In grauer Vorzeit soll er der Sage nach durch einen sintflutartigen Wolkenbruch entstanden sein. Die Druiden eines legendären keltischen Stammes, Tuatha Dé Danann, sollen den ungeheuren Gewittersturm um 1300 v.Chr. heraufbeschworen haben, um die in das Land eindringenden Söhne des Milesius zu vernichten. Fast alle fremden Eroberer ertranken, so heißt es, in den reißenden Fluten.

Der Wegesrand ist von Fuchsienhecken gesäumt, die den ganzen Sommer hindurch in voller Blüte stehen. An feuchten Standorten in den Wiesen gedeihen die große Waldengelswurz *(Angelica sylvestris)* und das Mädesüß *(Filipendula ulmaria)* mit seinen duftenden Blüten. Das Sträßchen führt schließlich dicht ans Seeufer heran. Mitten im See ist der Umriß des kleinen Church Island erkennbar. Auf dem Inselchen liegen die Ruinen eines Klosters aus dem 12. Jh. Allmählich nähern wir uns den Anhöhen, die sich landeinwärts erheben, und kommen durch dichte Gehölze mit Eichen und Hasel. Wieder wird der Blick auf den See frei; im Ried kann man mit etwas Glück einen Graureiher erblicken.

Wir verlassen das Asphaltsträßchen und biegen nach links ab auf den Fahrweg mit einem Wegweiser des Kerry Way, dessen Markierungen uns die nächste Zeit die Orientierung erleichtern werden. Auf einer Betonbrücke überqueren wir den **Capall River** (2 Std.) und gelangen danach in einen Fichtenwald. Im Unterschied zu den aus Skandinavien eingeführten Fichten sind die vereinzelten Birken hier von Natur aus beheimatet.

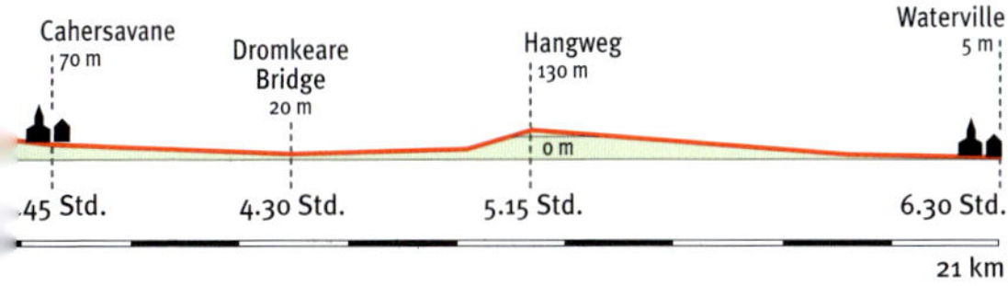

Blick auf den Lough Currane

Wir schreiten durch ein **Eisengittertor** mit Zauntritt und lassen den Forst hinter uns; Eichen und Stechpalmen säumen nun den Wegesrand. Rechts verläuft ein kleines sumpfiges Tälchen mit einem munter glucksenden Bachlauf; an der Talflanke tritt der anstehende Sandstein felsig zutage. Heide und Farne bedecken die steinigen Hänge, die einst als Weideland dienten, doch längst haben die Bauern dieses unfruchtbare Land aufgegeben. Früher war diese Gegend namens Cloghvoola (steiniger Melkplatz) dichter besiedelt, heute gibt es nur noch zwei bewohnte Gehöfte.

Wir schreiten erneut durch ein Eisengittertor mit Zauntritt. Es geht noch ein kurzes Stück geradeaus weiter, ehe wir eine **Wegverzweigung** erreichen. Hier biegen wir scharf nach links bergauf, passieren ein Eisengittertor mit Zauntritt (›Private – no through road‹) und wandern den Weg empor. Während wir ansteigen, weitet sich der Blick über das Gebiet Cloghvoola. Schließlich verflacht sich der Weg. Unmittelbar nach einer Linksbiegung kommt auf der rechten Seite eine Hausruine. Der Hauptweg setzt sich geradeaus zu einem bewohnten Gehöft fort, wir jedoch biegen direkt hinter der Ruine rechts ab und folgen dem alten grasigen Weg über den binsenbestandenen Wiesenhang.

Alsbald passieren wir ein **Eisengittertor** mit Zauntritt. Dahinter steigt unser Weg geradeaus am Hang an, beschreibt dann eine Rechtsbiegung und unterquert eine Stromleitung. Kurz danach führt der Weg an einen Weidezaun heran, schwenkt nach links und entfernt sich wieder von ihm. Leicht ansteigend nähern wir uns einer verfallenen Häusergruppe bei einigen Bäumen, zu der auch die Stromleitung hinaufführt. Links steht ein altes **Cottage** (3.15 Std.) am Wegesrand, das noch vor wenigen Jahrzehnten bewohnt wurde. Schafe hausen heute in seinen Räumen – zwischen Kamin, Holzbank, Küchenbüfett und Kleiderschrank. Die Bewohner müssen einen herrlichen Ausblick auf den Lough Currane gehabt haben; ob sie ihn allerdings auch genießen konnten, ist eher ungewiß.

Rechts kommt ein größeres, verfallenes **Gebäude.** Danach schwenkt unser Weg nach rechts und steigt zunächst weiter an, ehe er nach links am Hang entlangführt. Gelbe Pfeile und die gelb-schwarzen Wegpfosten des Kerry Way begleiten uns weiter auf dem nun weglosen Abschnitt der Wanderung, der über nasse heidebedeckte Hänge führt. Wir wandern bald auf der Mitte des Hangrückens entlang und haben einen herrlichen Blick auf die Meeresbucht bei Waterville und die Landspitze Bolus Head.

Auf der Hangnase weist uns ein Wegpfosten scharf nach rechts. Wir gehen bis zu einem **Weidezaun** hinab, dann rechts daran entlang, überqueren einen Zauntritt und wandern geradeaus weiter. Auf einem grasi-

Haus am Currane River

gen, stellenweise vernäßten Pfad geht es geradlinig am Hang entlang allmählich bergab. Bald führt die Wanderroute in einen kleinen felsigen Hangeinschnitt hinunter, durch den nach Regenfällen Wasser herabfließt. Gelbe Pfeile auf einigen Felsen dienen der Orientierung. Dahinter verläuft unser Pfad ebenerdig durch morastiges Gelände. Auch hier weisen uns die Pfosten des Kerry Way den Weg.

Schließlich verbreitert sich der Weg, führt an einigen Steinmäuerchen vorbei und nähert sich den Häusern von **Cahersavane** (3.45 Std.). Am ersten Gehöft gelangen wir auf einen Fahrweg, dem wir nach rechts folgen. Oben am farnbestandenen Hang steht ein schönes Ring-Fort zwischen den mit weißen Flechten bedeckten Steinmäuerchen. Wir bleiben auf dem eben verlaufenden Weg, passieren schließlich ein Eisengittertor mit Zauntritt und stoßen auf ein Quersträßchen, dem wir nach links folgen. An dieser Stelle trennen wir uns vom Kerry Way, der nach rechts biegt.

Das Sträßchen verläuft schnurgerade zwischen Hecken. Es führt schließlich auf der alten zweibogigen **Dromkeare Bridge** (4.30 Std.) über den Cummeragh River, steigt in einer Serpentine an und zieht sich dann geradlinig bis zu einer Kreuzung. Hier wenden wir uns nach rechts und folgen der Straße gut fünf Minuten, bis links ein von Nadelbäumen umstandenes Cottage etwas zurückversetzt von der Straße steht. Gleich dahinter biegen wir links auf einen Fahrweg ab und folgen ihm den waldigen Hang empor. (Dies ist ein Privatweg; man sollte sich entsprechend rücksichtsvoll verhalten.)

Wir wandern schließlich links an einem Wohnhaus vorbei weiter hangaufwärts und übersteigen sogleich ein Eisengittertor. Bald klettern wir erneut über ein Eisengittertor und gelangen auf einen grasbewachsenen alten **Hangweg** (5.15 Std.), dem wir nach links folgen. Wir genießen nun einen herrlichen Blick auf den Lough Currane mit dem Church Island in der Mitte. Jenseits des Sees erheben sich die baumlosen Anhöhen des Mullaghbeg (509 m) und des Cahernageeha Mountain (499 m). Auf dem Weg müssen wir noch zwei Eisengittertore übersteigen, ehe wir an einem alten verfallenen Cottage vorbeigehen. Wir wandern geradeaus leicht bergab, passieren weitere Eisengittertore und kommen am ersten Wohnhaus vorbei. Der Weg setzt sich nun asphaltiert fort.

Mit etwas Glück bekommt man an den flankierenden Steinmäuerchen einen Hermelin zu Gesicht, der an seinem gelbbraunen Fell und der schwarzen Schwanzspitze erkennbar ist. Links fällt der Blick in eine abflußlose Niederung, in der – von Bäumen umstanden – der Termon's Lake liegt. Es geht stets geradeaus auf dem Sträßchen weiter, vorbei an vereinzelten Wohnhäusern, bis zu einer Kreuzung. Hier wenden wir uns nach rechts und marschieren entlang der mäßig befahrenen Straße nach **Waterville** (6.30 Std.) zurück. An der nahezu kreisrunden Ballinskelligs Bay gelegen, ist der Ort als typisch viktorianisches Seebad mit langer Uferpromenade entstanden, über die heute leider der ganze Verkehr der Nationalstraße rollt.

Ein Anwalt für die Freiheit Irlands

Rund um den Derrynane National Historic Park

Vom Golfstrom umspült, wuchert eine fast subtropische Vegetation an den geschützten Küsten der Iveragh-Halbinsel. Eine der lieblichsten Landschaften ist die Gegend um Derrynane mit ihren Dünen und Stränden, Mischwäldern und vorgelagerten Inseln.

DIE WANDERUNG IN KÜRZE

+ Anspruch

2.45 Std. Gehzeit

9 km Länge

Charakter: einfach; gute Wege, der *mass path* kann etwas vernäßt sein

Wanderkarten: OS Discovery Series, Blatt 83 oder 84

Einkehrmöglichkeit: Ahamore Tea Rooms im Derrynane House

Anfahrt: nach Caherdaniel *(Cathair Dónall)* an der N70 (Ring of Kerry); hier die beschilderte Abzweigung zum Derrynane House/National Historic Park nehmen; an einer Straßengabelung links halten und weiter zum Parkplatz Derrynane House

Öffnungszeiten: Derrynane House April/Okt. Di–So 13–17, Mai–Sept. Mo–Sa 9–18, So 11–19, Nov.–März Sa–So 13–17 Uhr

Auf der Zufahrtsstraße zum Derrynane House kommt unmittelbar nach dem Parkplatz eine **Kreuzung.** Geradeaus geht es zu dem Anwesen, wir jedoch wenden uns links durch ein grünes Eisengittertor und folgen dem Weg, bis wir ein hügeliges Wiesengelände erreichen. Hier biegen wir nach links, wandern auf einem Grasweg rechts an einem felsigen, mit Buschwerk bestandenen Hügel (Altar Hill) entlang und passieren den Mass Rock. Bald taucht vor uns das Flußdelta des Coomahorna River auf. Wir folgen dem Wiesenweg auf das Ufer zu und wandern dann nach rechts in der Nähe des Ufers. Über den Dünenkamm hinweg gelangen wir auf einen langen, weitgeschwungenen **Sandstrand,** der sich an der Darrynane Bay erstreckt. Aufgrund gefährlicher Meeresströmungen ist an diesem Küstenabschnitt das Baden untersagt. Wir wenden uns nach rechts und laufen am Strand entlang. Über die Meeresbucht schweift der Blick zu kleinen vorgelagerten Eilanden. Der Strand ist von einigen niedrigen Sandsteinfelsen unterbrochen, die ins Wasser hinausreichen. Unterhalb eines braunen Holzhäuschens, das sich am Ende des Strandes auf einem Felsen erhebt, steigen wir rechts Betonstufen empor, überqueren auf Bohlen einen kleinen Bachlauf und erreichen einen **Parkplatz.**

Wir gehen links auf dem Zufahrtsweg weiter und stoßen sogleich auf eine Querstraße, der wir nach links folgen. Die Straße endet an einem Parkplatz oberhalb des Darrnane Harbour. Vor uns in der kleinen

Darrnane Harbour

Bucht, die links durch das Lamb's Island vor dem offenen Meer geschützt wird, liegen Boote vor Anker. Ehe wir unsere Wanderung nach rechts fortsetzen, machen wir links einen kurzen Abstecher zum nahen Abbey Island, wo sich eine kleine, bereits erkennbare Kirchenruine über dem Meeresufer erhebt. Dorthin gelangen wir entweder auf Pfaden durch die Dünen oder links an der Darrynane Bay entlang. Wir durchqueren einen flachen, bei Flut teilweise überschwemmten Meeresarm, steigen kurz an und erreichen die **Derrynane Abbey** (45 Min.). Die kleine verfallene Abtei aus dem 10. Jh. liegt inmitten eines Friedhofs. Bereits im 6. Jh. gründete hier der heilige Finian ein Kloster. Nach ihm ist auch die Gegend benannt: Derrynane, gälisch *Doire Fhionnán,* bedeutet ›Finians Eichenhain‹.

Wir kehren zum Parkplatz zurück und erblicken auf der gegenüberliegenden Seite zwei Häuser. Dazwi-

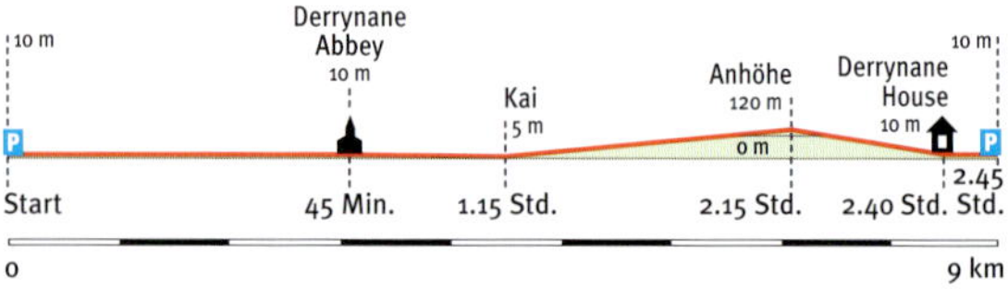

schen beginnt an einem kleinen Durchlaß im Steinmäuerchen ein Pfad, dem wir in Richtung des Telegrafenmastes folgen. Wir befinden uns nun auf einem alten *mass path*, der sich oberhalb der Küste entlangschlängelt. Bis Mitte des 19. Jh. wurde er von den Iren begangen, um zum verbotenen Gottesdienst zusammenzukommen. Hier wie anderswo auf der Grünen Insel wurde die katholische Messe an geheimen Orten inmitten der Wildnis zelebriert; als behelfsmäßiger Altar diente ein Felsen (Altar Rock). Der Pfad ist stellenweise recht schlammig und führt teils über Steinstufen. Oberhalb des Darrnane Harbour geht es durch eine herrliche Küstenlandschaft mit üppigem Grün. Wer im Sommer unterwegs ist, kann sich am Anblick unzähliger Montbretien mit ihren leuchtend orangefarbenen Blüten erfreuen.

Wir erreichen einen kleinen, leider verschmutzten **Kiesstrand,** gehen wenige Meter nach rechts und steigen in den Fels gehauene Stufen empor. Kurz danach halten wir uns an einer Verzweigung links und marschieren bald an einer Rechtsabzweigung vorbei geradeaus weiter. Der Pfad schlängelt sich weiterhin oberhalb der Küste entlang und führt wiederholt über Steinstufen auf und ab. Beim Anwesen Iskeroon gelangen wir auf einen Fahrweg, dem wir an einer kleinen Sandbucht vorbei zu einem Kai folgen. Hier gehen wir rechts das Sträßchen hinauf.

Wir stoßen schließlich auf ein **Intersträßchen** und wandern rechts ansteigend weiter. Allmählich weitet sich der Blick, und wir genießen eine herrliche Sicht auf die abwechslungsreiche Küstenlandschaft. Am Horizont ist die Spitze der Beara-Halbinsel mit dem vorgelagerten

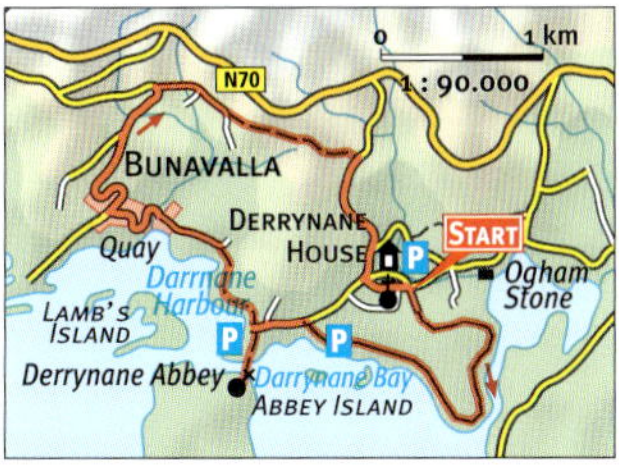

Dursey Island erkennbar. Mehr im Vordergrund liegt Deenish Island, dahinter das größere Scariff Island. Verstreut stehen Häuser an den Hängen, darunter auch noch das eine oder andere Cottage im traditionellen Baustil. Wir gehen an einer scharfen Linksabzweigung vorbei geradeaus auf dem Sträßchen weiter empor und passieren eine kleine Häusergruppe. In einer scharfen Linksbiegung zweigen wir rechts auf einen Schotterweg ab. Der Weg verläuft auf gleichbleibender Höhe am Hang und gewährt wunderschöne Ausblicke.

Schließlich durchschreiten wir ein **Eisengittertor** und gehen noch ein kurzes Stückchen auf dem Weg weiter, der von Telegrafenmasten gesäumt ist. Sobald eine andere Stromleitung von rechts über den Weg hinwegführt und links am Hang ansteigt, verlassen wir den Weg (Schild ›Kerry Way‹) und wandern links den heidebedeckten Hang empor. Unser Pfad verläuft stets entlang der rechten beider Stromleitungen, die den Hang hinaufführen. Wir überqueren schließlich einen Drahtzaun und folgen weiter den Telegrafenmasten. Bald beschreibt die Stromleitung einen Rechts-Links-Knick. An dieser Stelle überschreiten wir die **Anhöhe** (2.15 Std.), erblicken wieder die Darrynane Bay vor uns und folgen der Stromleitung bergab. Links an einem Steinmäuerchen entlang geht es nun im Gehölz hinunter. Unser Pfad ist stellenweise vernäßt und wird nach Regenfällen zum kleinen Wasserlauf.

Schließlich überqueren wir einen **Zauntritt** und stoßen auf ein Sträßchen, das wir nach rechts durch dichten Mischwald hinuntergehen. An einem Abzweig nach links vorbei gehen wir geradeaus weiter bergab. Kurz darauf schreiten wir geradeaus durch das Bell Gate. Rechts hängt eine Glocke im Torbogen, die früher dazu diente, das Personal des Hauses zusammenzurufen. An einer Straßenverzweigung (links stehen Wirtschaftsgebäude, rechts befindet sich ein altes *kissing gate)* gehen wir rechts weiter. Das Sträßchen führt direkt zum **Derrynane House** (2.40 Std.), wo Annie's Tea Room eine willkommene Einkehrmöglichkeit bietet. Nachdem wir uns mit *home baking* gestärkt haben, statten wir dem Herrenhaus einen Besuch ab. Anschließend können wir durch den romantischen Park flanieren, der sich links vom Haus anschließt (beschildert), ehe wir zum nahen **Parkplatz** (2.45 Std.) zurückkehren.

Derrynane House

Inmitten einer wunderschönen Parkanlage mit vielerlei exotischen Pflanzen versteckt sich Derrynane House, der Stammsitz der O'Connells, einer alten irischen Familie, die durch Handel, mehr noch durch Schmuggel von Wein, Gewürzen und Seide zu Wohlstand gelangte. Von einem Onkel erbte Daniel O'Connell (1775–1847) ein kleines Vermögen, was ihn finanziell unabhängig machte und es ihm ermöglichte, sich ganz der Politik zu verschreiben.

Als Rechtsanwalt widmete sich O'Connell der Verteidigung von Katholiken, die zu seiner Zeit noch massiv diskriminiert wurden. In der eigenen Familie hatte man dies schmerzlich erfahren müssen, als ein Verwandter erschossen wurde, weil er nicht bereit war, sein Pferd abzugeben, wie es das Gesetz von Katholiken verlangte. 1823 gründete er die *Catholic Association.* Daraus entstand eine Massenbewegung, die eine politische Gleichstellung der Katholiken mit den Protestanten (d. h. den Mitgliedern der Church of Ireland) zum Ziel hatte.

Im Verlauf seiner Kampagne wurde O'Connell zum Parlamentsabgeordneten der Grafschaft Clare gewählt, durfte aber als Katholik seinen Sitz nicht annehmen. Dieser politische Skandal führte schließlich 1829 zum Erlaß des *Emancipation Act,* mit dem die seit den Tagen Cromwells bestehende Diskriminierung des Katholizismus erstmals gelockert wurde. Als ›The Liberator‹ (Der Befreier) ging O'Connell in die irische Geschichte ein.

Die Klosterinsel im Atlantik

Von Cill Rialaig zum Bolus Head

Ausgestorbene Weiler, verfallene Steinhäuser an grünen Hängen und vor der Küste ein felsiges Eiland, auf dem einstmals ein Kloster stand: Vom Bolus Head bietet sich ein hinreißender Ausblick auf diesen wilden Küstenlandstrich.

DIE WANDERUNG IN KÜRZE

+ Anspruch

2 Std. Gehzeit

6 km Länge

Charakter: einfach; auf dem Hinweg stetiger Anstieg, zumeist auf einem Teersträßchen

Wanderkarte: OS Discovery Series, Blatt 83

Einkehrmöglichkeiten: keine

Anfahrt: von der N70 (Ring of Kerry) zwischen Waterville und Cahersiveen Richtung Ballinskelligs *(Baile an Sceilge)* entweder über die R566 oder R567; an der zentralen Straßenkreuzung von Ballinskelligs rechts (Ausschilderung ›Skellig Ring/Portmagee‹; geradeaus käme man hier zum Pier am Ballinskelligs Harbour) und an der nächsten Straßenkreuzung links (›Skellig Ring‹). Kurz danach verlässt man die Vorfahrtsstraße in einer Rechtskurve und biegt nach links. An einer deutlichen Straßengabelung hält man sich rechts und fährt noch 2,3 km/1,4 mi bis Cill Rialaig (Kildreelig). **Ausflug:** Einen Besuch der Skellig Islands sollte man sich nicht entgehen lassen. Auf den steilen Felsklippen von Great Skellig liegt eine Klosteranlage aus dem 6. Jh. Die Bootsfahrt (ca. 40 Min.; rund zwei Std. Aufenthalt auf der Insel) von Ballinskelligs aus muß spätestens am Vorabend angemeldet werden unter ✆ 066/74268. Andere Touren zu den Skellig Islands starten in Knightstown oder Portmagee. Vorsicht vor Bootsfahrten ohne Aufenthalt auf der Insel! Das Skellig Heritage Centre in Portmagee lohnt keinesfalls einen Besuch.

Wie viele Weiler Irlands ist auch **Cill Rialaig** (anglisiert Kildreelig) Mitte des 19. Jh. im wahrsten Sinne des Wortes ausgestorben; wer nicht den Hungertod starb, wanderte früher oder später nach Amerika aus. In irischen Buchhandlungen wird man mit Sicherheit auf die Geschichten eines früheren Einwohners von Cill Rialaig namens Seanachaí (Seán O Conaill) stoßen – Berichte von ergreifender Authentizität über das Leben in einer abgeschiedenen ländlichen Gemeinde. Nach und nach wer-

Ruinen eines verlassenen Weilers

den heute die alten, zum Teil reetgedeckten Steinhäuser aus dem späten 18. Jh. liebevoll restauriert.

Wir wandern auf dem Teersträßchen, das gemächlich mit herrlichem Ausblick übers Meer ansteigt. Landeinwärts erstreckt sich die fast kreisrunde Ballinskelligs Bay; im Südosten erblicken wir zwei unbewohnte Inseln, Deenish Island und Scariff Island. Weiter südlich schiebt sich die Beara Peninsula weit ins Meer vor. Die grünen Hänge ringsum sind von alten, flechtenbedeckten Steinmäuerchen unterteilt. Felsbrocken, die nicht zum Bau der Mauern Verwendung fanden, wurden zu Lesesteinhaufen geschichtet. Auf den Feldern wurden einst Kartoffeln angebaut; die alten Ackerfurchen *(lazy beds)* sind teilweise noch erkennbar. Unten am Hang tauchen die Ruinen eines verlassenen Weilers auf, der seines Wiederaufbaus noch harrt (15 Min.). Fünf Minuten später erblicken wir links unterhalb des Weges eine archäologische Stätte. Diese Ansiedlung ist sehr viel älter als Cill Rialaig und reicht mindestens bis ins 8. Jh. zurück. Das Ensemble besteht aus einem verfallenen Mauerring, den Ruinen einiger Steinkaten und mehreren Steinsetzungen mit eingravierten Kreuzen.

Kurz danach passieren wir die ehemalige Schule, einen schlichten rosagestrichenen Bau von 1899, und folgen dem Sträßchen landeinwärts. Vor uns tritt unser Ziel, die baumlose Anhöhe, ins Blickfeld. Deutlich zeichnet sich die Ruine des alten Signalturms auf der Kuppe ab. Jenseits des Taleinschnitts zur Linken ist zwischen den Steinmäuerchen, die den Hang überziehen, ein altes Ring-Fort mit kreisrunder Außenmauer zu erkennen. Rechts steigen heidebe-

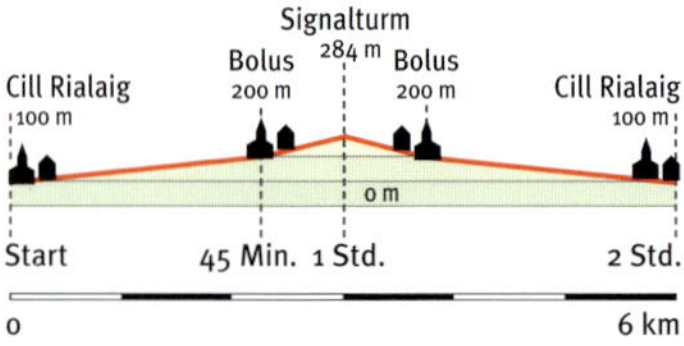

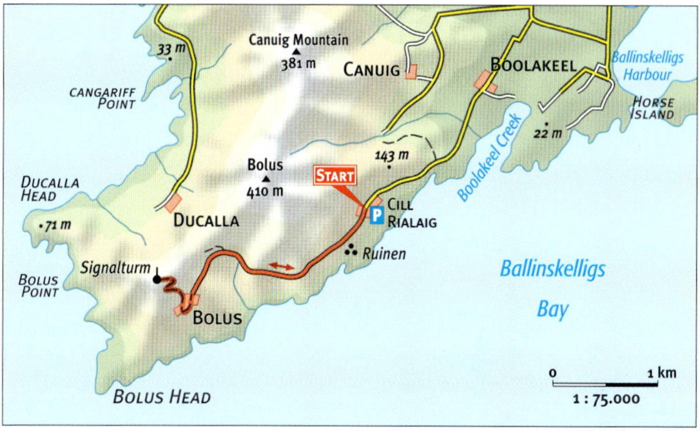

deckte Hänge zum Bolus Mountain an. Bei einigen bewohnten Bauernhäusern biegt das Sträßchen nach links.

200 m vor dem letzten Gehöft der kleinen Streusiedlung **Bolus** (45 Min.) gehen wir rechts durch ein Eisengatter neben einem Strommast und folgen einem grasbewachsenen Feldweg nach rechts empor. Er steigt in einer Links-Rechts-Kehre weiter an und endet vor einem Eisengittertor auf dem Bergrücken. Wir wandern nach links an dem Steinmäuerchen mit Maschendrahtzaun entlang hangaufwärts, queren einen Drahtzaun und erreichen die beeindruckende Ruine des **Signalturms** auf der Anhöhe (1 Std.). Wie viele andere seiner Art wurde er Anfang des 19. Jh. erbaut, als man eine napoleonische Invasion befürchtete. Mit einer hohen Außenmauer und der vorderen Eingangstür, die sich auf Höhe des ersten Stockwerks öffnet, war dieser Turm ungewöhnlich stark befestigt.

Es ist verständlich, warum gerade dieser Standort für einen so mächtigen Wachtposten ausgewählt wurde: Schlicht überwältigend ist der Rundblick über den Südwesten der Iveragh Peninsula. Zwischen der fast kreisförmigen Ballinskelligs Bay im Osten und der Saint Finan's Bay im Nordwesten schiebt sich der Bolus Head ins Meer. Weit draußen vor der Küste ragen zwei benachbarte Eilande schroff aus den Fluten: Links Skellig Michael mit der frühchristlichen Klosteranlage, rechts Little Skellig mit der zweitgrößten Tölpelkolonie der Welt. Rund 40 000 Vögel nisten auf den unzugänglichen Klippen.

Die Idylle wilder unberührter Natur trügt freilich. Etwa 600 km südwestlich wurden seit 1949 riesige Mengen radioaktiven Abfalls auf dem Meeresgrund abgelagert – insgesamt etwa 130 000 t. Eine tickende Zeitbombe, deren Brisanz immer noch zu wenig ins öffentliche Bewußtsein gedrungen ist. Die Fässer beginnen zu rosten, doch die Atomindustrie beschwichtigt mit dem Argument, die Radioaktivität würde beim Auslaufen der Behältnisse im Meer so weit verdünnt werden, daß keine Gefahr drohe.

Nach ausreichendem Genuß der grandiosen Aussicht kehren wir auf demselben Weg mit herrlichem Blick auf die große Ballinskelligs Bay nach **Cill Rialaig** (2 Std.) zurück.

Tour 19

Am westlichsten Zipfel Europas

Aufstieg zum Mount Eagle

Wie ein Adler wacht der Mount Eagle über den Westzipfel der Dingle-Halbinsel. Frei schweift der Blick über saftiggrüne Niederungen mit eingetupften Dörfern, weite Meeresbuchten, wolkenverhangene Gipfel und die verstreut vor der Küste liegenden Blasket-Inseln.

DIE WANDERUNG IN KÜRZE

++
Anspruch

3.15 Std.
Gehzeit

8 km
Länge

Charakter: mittelschwer; teils auf Wegen, teils querfeldein über mäßig steile Berghänge; bei tiefhängenden Wolken und Nebel nicht empfehlenswert, da die Orientierung auf dem weglosen Stück nur nach Sicht möglich ist

Wanderkarte: OS Discovery Series, Blatt 70

Einkehrmöglichkeiten: keine

Anfahrt: von Ventry auf der Hauptstraße R559 (Slea Head Drive) bis zur Kreuzung an der Kirche Seipial Naom Caitliona und dem Pub Paidi O Se's, dort nach rechts abbiegen (Wegweiser ›Dún Chaoin‹); nach 3,5 km/2,2 mi vorbei an einem Sendemast (rechts), ab hier noch 1,1 km/0,7 mi bis zu einem nach links abzweigenden Feldweg. Auto am Wegesrand abstellen, aber bitte nicht die Zufahrt blockieren!

Von der Fahrstraße wandern wir den Feldweg empor und gehen nach etwa 100 m an einer Linksabzweigung vorbei. Verstreut stehen die weißgetünchten Cottages von **Dunquin** unten in der Küstenniederung; Steinmäuerchen parzellieren das grüne Weideland.

Draußen vor der Küste liegen die bis 1953 bewohnten **Blasket Islands** *(Na Blascaodaí)*. Bei Sonne und ruhiger See, wenn die moosgrünen Inseln friedvoll im blauen Meer schimmern, vermag man sich kaum vorzustellen, welch unbändige Naturgewalten der Atlantik bei stürmischem Wetter zu entfesseln vermag. Mit Mann und Maus sind zwei Schiffe der spanischen Armada im September 1588 in den Gewässern des

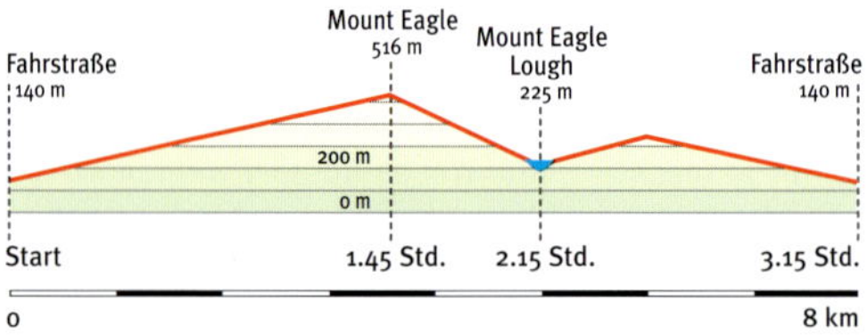

Blasket Sound untergegangen. Vom Dunquin Pier verkehren im Sommer Ausflugsboote zur größten Insel, Great Blasket Island *(An Blascaod Mór)*. Inishtooskert *(Inis Tuaisceart)* wird aufgrund des charakteristischen Umrisses auch Dead Man Island genannt, da die Silhouette – je nach Perspektive – verblüffend einem auf dem Rücken liegenden Mann ähnelt.

Der Weg steigt in einigen Kehren zu einer Hangverflachung an, biegt hier nach rechts und verläuft dann ziemlich geradlinig nach Süden, bis er in einem **Torfstichgelände** endet. Nun beginnt ein wegloser, recht steiler Aufstieg direkt den Hang empor. Zunächst kommen wir an mehreren Stellen vorbei, an denen noch Torf gestochen wird, dann geht es die gleichförmige, mit Torfmoosen und Heide bewachsenene Bergflanke hinauf. Der Gipfel ist von hier nicht erkennbar, aber solange wir unverdrossen aufsteigen, können wir ihn nicht verfehlen. Bald tauchen vor uns zwei nebeneinanderstehende Steine auf, die uns die Richtung weisen.

Schließlich ist der Triangulationspunkt auf dem flachen Gipfelplateau des **Mount Eagle** (1.45 Std.; *Sliabh an Iolair;* 516 m) erreicht. Für den etwas beschwerlichen Aufstieg werden wir mit einem hinreißenden Rundblick über moorbedeckte Berge, grüne Tiefländer und azurblaue, von langen Sandstränden gesäumte Meeresbuchten belohnt. Im Norden ist der große Smerwick Harbour zu erkennen, über den die Three Sisters und der mächtige Brandon Mountain wachen, im Osten liegen Ventry und Dingle an den gleichnamigen Meeresbuchten. Jenseits des Blasket Sound erheben sich die Blasket Islands verstreut im Meer.

Vom Gipfel marschieren wir genau nach Osten (in Richtung Ventry Harbour) weglos den Hang hinab. Auf der linken Seite fällt die Bergflanke schon bald bedrohlich steil zum Mount Eagle Lough ab, der tief unten erkennbar ist. Ein Gletscher hat dieses Kar einst aus dem Hang genagt und mit seinem mächtigen Eispanzer das Becken ausgeschürft. Wir wandern noch solange gemächlich in Richtung Osten bergab, bis der Hang zu unserer Linken weniger abschüssig ist. Nun können wir über den morastigen, immer noch recht steilen Hang direkt zu dem kleinen See hinabsteigen. Unser Ziel ist der Landungssteg am gegenüberliegenden Seeufer. Allmählich verflacht sich der Hang, und wir gehen rechts am Seeufer entlang bis zu dem kleinen Steg, der in den **Mount Eagle Lough** (2.15 Std.) hineinreicht.

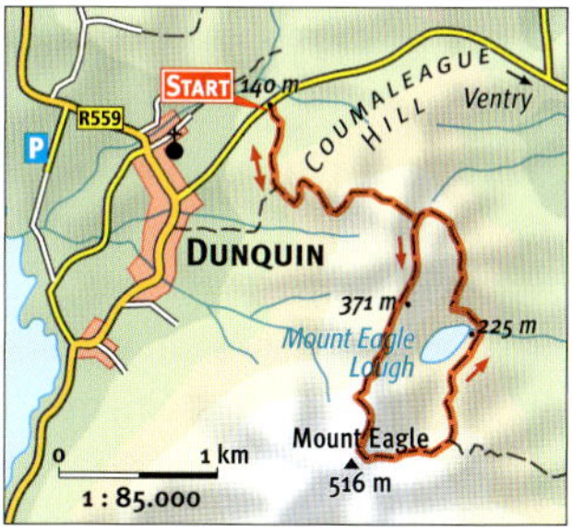

Nach wohlverdienter Verschnaufpause wenden wir uns vom See ab und sehen schräg links unseren weiteren Weg, der eingeschnitten am Hang ansteigt. Querfeldein begeben wir uns zum Anfang dieses Weges und folgen ihm hangaufwärts. Auf einem stark vernäßten Wegstück kann man auf den trockenen Rand ausweichen. Die Steigung läßt bald nach, und wir kommen wieder auf unseren Hinweg. Nach rechts gelangen wir zu unserem Ausgangspunkt an der **Fahrstraße** (3.15 Std.) zurück.

Tour 20

Auf den Spuren des hl. Brendan

Am Fuße des Brandon Mountain

Irland ist nicht eben arm an archäologischen Stätten, aber am Westzipfel der Dingle-Peninsula stößt man inmitten einer archaischen, seit Jahrhunderten kaum veränderten Landschaft geradezu auf Schritt und Tritt auf steinerne Zeugen aus Vor- und Frühgeschichte.

DIE WANDERUNG IN KÜRZE

+ Anspruch

4.45 Std. Gehzeit

16 km Länge

Charakter: einfach; auf Feldwegen und schmalen Straßen, ein kurzes Stück querfeldein

Wanderkarte: OS Discovery Series, Blatt 70

Markierung: Der erste Teil der Tour bis Currauly ist als Pilgerweg mit dem Zeichen ›Pilger‹ markiert. Der Abschnitt an der Küste folgt dem Dingle Way.

Einkehrmöglichkeiten: Pub in Ballydavid (Ballynagall)

Anfahrt: von Dingle nach Westen zu einer Straßenkreuzung am Ortsrand, dort nach links über die Milltown Bridge (Ausschilderung ›Slea Head Drive‹), hinter der Brücke rechts auf die R559 in Richtung Murreagh *(An Mhuiríoch)* bis zu einer Paßhöhe, dort links in eine Seitenstraße abbiegen, sogleich an einer Gabelung rechts noch 800 m bis zum Parkplatz am Gallarus Oratory oder (falls besetzt) kurz weiter bergab bis zum Besucherzentrum.

Vom **Parkplatz** am Gallarus Oratory wandern wir das Sträßchen hinab, gehen an einer Straßenbiegung geradeaus weiter und zweigen etwa 100 m dahinter rechts auf einen Fahrweg ab. Nach kurzer Zeit gelangen wir zur Ruine des **Gallarus Castle** (15 Min.), das auch Fitzgerald Castle genannt wird. Das Tower House stammt aus dem 15. Jh. Wir lassen das Gemäuer links liegen, wandern auf dem schlammigen, eingewachsenen

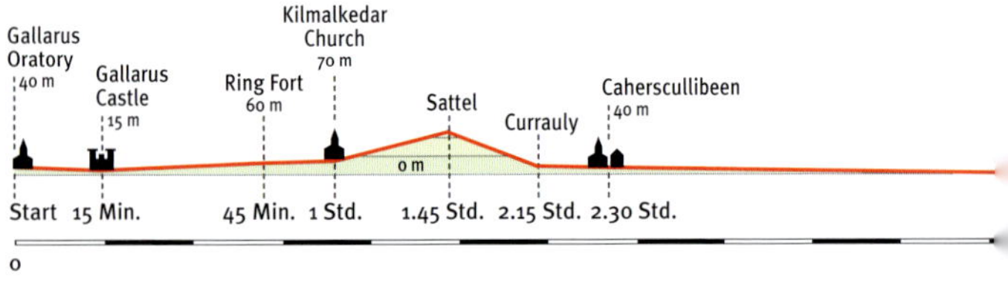

Feldweg weiter und stoßen bald auf ein Sträßchen, dem wir nach rechts folgen. Teilweise von Fuchsienhecken gesäumt, zieht es sich schnurgerade den Hang hinauf.

Wir passieren einige Häuser und stoßen auf eine Querstraße, der wir nach links folgen. Nach etwa 50 m kommt links ein Eisengittertor mit *kissing gate*, das Durchlaß zu einem guterhaltenen **Ring-Fort** (45 Min.) gewährt. Herrlich (und strategisch klug gewählt) ist die Lage dieser keltischen Befestigungsanlage mit weitem Blick über die Meeresbucht am Smerwick Harbour. Wir laufen die Straße weiter und sehen bald links unten am Hang das **Chancellor's House.** Dieses Wohnhaus eines Geistlichen stammt aus dem 14. Jh. und besitzt einen offenen Kamin mit Backofen.

Die eigentliche Sehenswürdigkeit aber kommt ein Stückchen weiter oberhalb der Straße: **Kilmalkedar Church** (1 Std.). Wir gehen rechts das Sträßchen entlang der Steinmauer hinauf, um durch den Friedhof zu der wunderschönen romanischen Kirchenruine zu gelangen. Bereits Anfang des 7. Jh. gründete der hl. Maoilchédar an dieser Stelle ein Kloster, das jedoch längst verschwunden ist. Das Gotteshaus (gälisch *Cill Mhaoilchéadair* – ›Kirche des Maoilchédar‹)

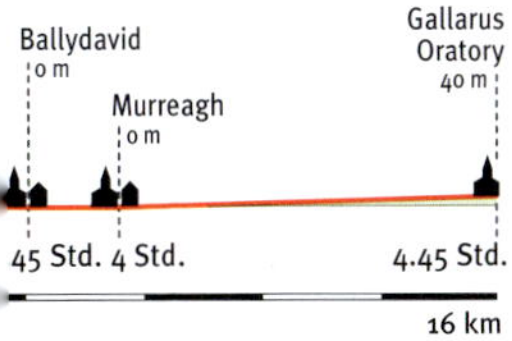

Ring-Fort

wurde Mitte des 12. Jh. im Stil der irischen Romanik erbaut. Es besitzt bemerkenswerte ornamentale Steinmetzarbeiten und eine Steinplatte aus dem 6. Jh. mit eingeritztem lateinischen Alphabet, den Buchstaben DNI (=DOMINI) und einem kleinen Kreuz neben dem Chorbogen. Auf dem Friedhof stehen wuchtige alte Steinkreuze, ein Grabstein mit Sonnenuhr und ein Ogham Stone mit keltischer Inschrift.

Wir gehen das Sträßchen entlang der Friedhofsmauer zu einer Wegkreuzung empor. Geradeaus führt unsere Tour weiter, doch zunächst wenden wir uns nach links zum **St Brandon's House.** Es stammt aus dem späten Mittelalter und diente vermutlich dem Klerus als Wohnsitz. Besonders beeindruckend ist die gewaltige Mauerstärke dieses zweistöckigen Steinbaus. Der hl. Brendan (486–578), nach dem das Gebäude benannt ist, genießt als Schutzpatron der Grafschaft Kerry besondere Verehrung, soll er doch auf dem nahen Brandon Mountain seine Erleuchtung gefunden haben. Eine gewisse Parallele zum Inselheiligen Patrick, der ebenfalls bis zur göttlichen Eingebung auf einem unwirtlichen Berggipfel ausharrte (s. Wanderung 27), ist unverkennbar. Auf der Suche nach der *Tir na n'Og,* dem Land der ewigen Jugend, ist Brendan später in christlicher Mission übers Meer gefahren. Seine abenteuerlichen Reisen haben ihn bis nach Island, angeblich sogar bis Amerika geführt.

An der Kreuzung setzen wir unsere Wanderung auf dem Weg fort, verlassen ihn jedoch nach der Biegung und gelangen durch ein Fußgängertörchen auf eine Wiese. Wir befinden uns auf einem Abschnitt des alten Pilgerpfades *(Cosán na Naomh),* über den im Mittelalter Heerscharen von Wallfahrern den Brandon Mountain erklommen, auf dessen Gipfel noch die Grundmauern der kleinen Behausung und der Kapelle des hl. Brendan liegen. Aufmerksam folgen wir auf der nun weglosen Strecke den Markierungspfosten mit dem Zeichen ›Pilger‹. Am oberen Ende der

Wiese steigen wir direkt hintereinander über zwei Zauntritte und wandern am Rand der nächsten Wiese hangaufwärts. Wir überqueren erneut einen Zauntritt und gelangen in eine verwilderte Wiese. Am oberen Ende überschreiten wir wiederum einen Zauntritt. Es geht nun stetig links am Maschendrahtzaun/Steinmäuerchen entlang hangaufwärts. Schließlich überqueren wir den vor uns liegenden Bergrücken leicht rechts von der flachen **Einsattelung** (1.45 Std.) und überschreiten hier erneut einen Zauntritt.

Von der Anhöhe bietet sich ein großartiger Ausblick: Über grünes parzelliertes Weideland mit darin eingetupften Häusern hinweg schweift der Blick zum gewaltigen Bergmassiv des Brandon Mountain, das sich im Hintergrund erhebt. Wir folgen weiter den Wegpfosten und wandern nun hangabwärts. Rechts taucht der kleine Loch Chorr Áille in einer Niederung auf. Zwischen den beiden Häusern von **Currauly** (Corr Áille; 2.15 Std.) stoßen wir auf einen Fahrweg, dem wir nach links folgen. Oberhalb des Weges sind am Hang die Mauerreste von *beehive huts* erkennbar. Wir erreichen den kleinen altertümlichen Weiler **Caherscullibeen** (2.30 Std.; *Cathair Scoilbín).* An der Verzweigung inmitten der Häuser halten wir uns rechts. Unmittelbar nach einem weißen Haus und einem Vorfahrtsschild (›Geill slí‹) gehen wir an einer Rechtsabzweigung vorbei geradeaus auf der Vorfahrtsstraße weiter. Bald kommt eine Rechtsbiegung; kurz danach verlassen wir die Vorfahrtsstraße, die nach links biegt, und gehen geradeaus weiter. Wir nehmen den ersten asphaltierten Feldweg, der links abzweigt und zwischen Hecken an vereinzelten Häusern vorbei verläuft.

Es geht stets geradeaus weiter, bis wir auf eine Querstraße stoßen und rechts weiterlaufen. Nach 50 m passieren wir eine Abzweigung nach links. Wir verlassen die Straße bald danach in der Rechtskurve gegenüber einem Rundbau und biegen links auf einen Pfad, dem auch der mar-

Blick auf die Bucht von Smerwick Harbour

Gallarus Oratory

kierte Dingle Way folgt. Die Route verläuft nun entlang der Küste und gewährt herrliche Ausblicke auf den Smerwick Harbour. Jenseits der großen Meeresbucht erhebt sich die Landzunge mit den Three Sisters. Links steht die Funkantenne des **Radío na Gaeltachta,** des gälischsprachigen Rundfunks.

Bei den wenigen Häusern von **Ballydavid** (3.45 Std.; *Ballynagall)* gelangen wir auf eine Straße und laufen an einem Pub vorbei; rechts liegt ein kleiner Hafen. Wir passieren das nächste Pub und nehmen danach die erste Rechtsabzweigung. An vereinzelten Häusern vorbei gehen wir die von Steinmäuerchen gesäumte Straße nach **Murreagh** (4 Std.; *An Mhuiríoch).* An der Straßenkreuzung biegen wir rechts auf einen Weg ab, laufen zur nahen Küste hinab und links am Strand entlang weiter.

Nach ca. zehn Minuten müssen wir eine Betonrinne überqueren. Etwa 150 m danach öffnet sich links im Dünensaum eine kleine Bresche. Hier beginnen Fahrspuren, die sich allmählich zum Feldweg verbreitern und uns durch die Wiese landeinwärts zur Fahrstraße geleiten. Wir lassen das geradeaus verlaufende Sträßchen unbeachtet und folgen der Fahrstraße nach rechts. Sie führt uns geradewegs zum Parkplatz am **Gallarus Oratory** (4.45 Std.) zurück.

Gallarus Oratory

Das Gallarus Oratory *(Séipéilín Ghallrois),* eine frühchristliche Kapelle, die zwischen dem 8. und 9. Jh. entstanden sein dürfte, wurde aus mörtellos geschichteten Steinen in Form eines umgekehrten Schiffsrumpfes erbaut. Nahezu spurlos scheint die Zeit an diesem in seiner Schlichtheit archaisch wirkenden Gebetshaus vorübergegangen zu sein. Das einzige vollständig erhaltene Beispiel von insgesamt rund 20 Kapellen seiner Art stellt mit seinem rechteckigen Grundriß eine Weiterentwicklung der runden *beehive huts* (Bienenkorbhütten) dar, der ältesten christlichen Steinbauten Irlands. Schicht um Schicht bilden leicht vorkragende Steinreihen das Dach, denn noch verstand man es nicht, ein romanisches Stützgewölbe zu konstruieren. Im Laufe der Jahrhunderte ist es in der Mitte etwas eingesackt, aber ansonsten präsentiert sich das Gallarus Oratory so, wie es vor über 1000 Jahren erbaut wurde.

Straßenbau in Hungerjahren

Auf alten Wegen zum Connor Pass

Hoch in den Bergen liegt ein windiger Paß, der einen herrlichen Blick auf die wilde und einsame Landschaft gewährt. Ein alter Weg, der seit den Jahren der großen Hungersnot nur noch von Hirten begangen wird, führt uns in lieblichere Gefilde zurück.

DIE WANDERUNG IN KÜRZE

+ Anspruch

4.30 Std. Gehzeit

13 km Länge

Charakter: mittelschwer; die unbefestigten Wege sind (insbesondere nach Regenfällen) stark vernäßt und schlammig. Die Wanderung folgt teilweise dem leider nur sehr sparsam markierten Dingle Way und setzt einen gewissen Orientierungssinn voraus

Wanderkarte: OS Discovery Series, Blatt 70

Einkehrmöglichkeit: keine

Anfahrt: von Dingle auf der N86 nach Osten, etwa 3,5 km/2,2 mi vor Lispole *(Lios Póil)* an einer unscheinbaren Abzweigung (Schild ›Brosnan's Farmhouse B&B‹, ›Kerry Lamb & Wool Coop‹) nach links, geradeaus hangaufwärts, nach 1,4 km/0,9 mi auf einer Querstraße rechts, vorbei an mehreren Abzweigungen bis zu einer Gabelung, dort rechts, über eine Brücke in einer Senke und geradeaus an einer Schweinemästerei vorbei, bis zu einigen Wohnhäusern (links), dort parken

Hinter dem letzten Wohnhaus gehen wir links das Sträßchen hinauf und erreichen nach kurzem Anstieg den Weiler **Lios Deargáin** (20 Min.). In einer Linksbiegung kommt von rechts der Dingle Way hinzu, dessen (leider recht spärliche) Markierungen uns nun der Orientierung dienen. Wir folgen dem Hauptweg zunächst noch ein kurzes Stück empor. An der Kreuzung vor einem Strommast biegen wir links auf einen Feldweg ein und wandern nun gemächlich bergab. Wenige Meter, nachdem ein Bachlauf über den Weg sprudelt, verlassen wir ihn und überqueren links auf einem Steg ein Flüßchen. Gleich danach steigen wir über einen Zauntritt und wandern rechts am Steinmäuerchen entlang hangaufwärts. Bald gelangen wir auf einen Weg, der zwischen grasbewachsenen Steinmäuerchen verläuft.

Bei einem Steinschuppen durchschreiten wir ein Eisengittertor und laufen dann rechts an einem alten Wohnhaus vorbei, das zu der kleinen Streusiedlung **Ballingarraun** (30 Min.) gehört. Wir passieren sogleich ein weiteres Eisengittertor und biegen wenige Schritte danach rechts auf einen ansteigenden Seitenweg ab. Alsbald gehen wir links (zwischen zwei Eisengittertoren) durch ein Holzgatter und wandern auf einem schlammigen Weg am Hang entlang weiter. Neben einem Eisengittertor übersteigen wir einen Zauntritt und folgen dem grasigen Weg noch ein kurzes Stück, bis wir beim ersten Gehöft von **Ballybowler** (45 Min.) auf eine Asphaltstraße gelangen.

Wir folgen der Straße durch das Gehöft und laufen dahinter noch etwa 30 m bergab, ehe wir uns vom Dingle Way trennen und rechts einen Feldweg hinaufgehen. Während des allmählichen Anstiegs schweift der Blick über parzellierte Viehweiden, auf denen Kühe und Schafe grasen. Der Weg führt schließlich über einen Bergrücken, der vom Cnoc Maol Beag (kleine kahle Anhöhe) zum Cnoc Maol Mór (große kahle Anhöhe) ansteigt. Auf dem **Sattel** (1.30 Std.) durchschreiten wir ein Eisengittertor. Danach verläuft unser Weg links am Hang entlang und steigt weiter an. Der Blick fällt in das offene Tal des Garfinny River, auf dessen Wiesenhängen Schafe grasen. Schnurgerade zieht sich der alte Talweg, dem wir später folgen werden, durch die vernäßte Niederung. Obwohl völlig von Grün überwuchert, ist sein Verlauf noch deutlich erkennbar. Am Talende ist die Paßhöhe zu sehen, die wir nun ansteuern wollen.

Unser Weg steigt stetig an der Flanke des Cnoc Maol Mór an und schwenkt schließlich nach rechts in ein Seitental. Am gegenüberliegenden, mit Heide bewachsenen Hang ist ein Weg erkennbar, der ungefähr auf unserer Höhe verläuft und nach links zum Connor Pass führt. Um diesen Weg zu erreichen, müssen wir nun aufpassen: Bald zweigen (auf einer Höhe von 490 m) zu beiden Seiten unscheinbare Wege ab. Hier gehen wir links den vernäßten, grasbewachsenen Weg in das Tal hinab und überqueren das **Flüßchen** (2.30 Std.). Auf der gegenüberliegenden Talseite wenden wir uns nach links und wandern auf gleichbleibender Höhe weglos etwa 250 m unbeirrt am Hang entlang, bis wir auf den zwar erodierten, aber doch deutlich gebahnten Weg gelangen.

Der Weg zieht sich allmählich zum **Connor Pass** (2.45 Std.) hinab, über den die Straße von Dingle zur Brandon Bay führt. Kaum ein Autofahrer, der nicht auf der Paßhöhe anhält, um die Aussicht zu genießen. Nach Norden schweift der Blick über die in ihrer Kargheit unwirklich anmutende Niederung des Owenmore River. Mehrere Seen schimmern im sumpfigen Talgrund. Dahinter erhebt sich das gewaltige, meist wolkenverhangene Massiv des Brandon Mountain (952 m). Rechts davon öffnet sich die große, von weißen Sandstränden gesäumte Brandon Bay. In entgegengesetzter Richtung, am Rande der gleichnamigen Bucht, liegt Dingle.

Etwa 75 m vor dem Paß zweigt links (in Richtung Dingle) ein anfänglich sehr unscheinbarer, weiter unten jedoch teilweise von gesetz-

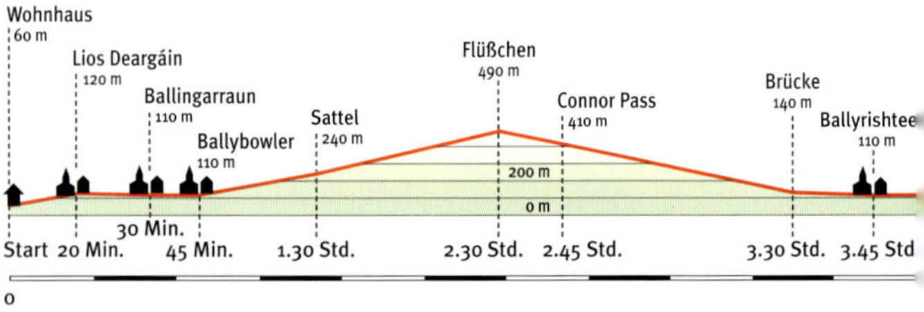

ten Steinen gesäumter Weg ab – bis Mitte des 19. Jh. die alte Paßstraße. Zur Arbeitsbeschaffung während der großen Hungersnot wurde dann die Connor Pass Road erbaut. Sie verläuft mit geringerer Steigung weiter oben an den Berghängen und hatte gegenüber dem alten, direkten Wegverlauf vor allem den Vorteil, den sumpfigen Talgrund zu umgehen.

Bald passieren wir einen großen **Steinhaufen** am Weg. Kurz danach treten Reste des alten, sorgsam gearbeiteten Straßenpflasters zutage. Wir überqueren erneut den Garfinny River *(Abhainn na Gairfeana)*, den wir schon einmal, nämlich in dem Seitental an den Hängen des Cnoc Maol Mór, passiert haben, und folgen dem alten Weg schnurgerade durchs Tal in Richtung Dingle hinab.

Mehrere stark vernäßte Abschnitte sind völlig von Binsen überwuchert, so daß wir auf die linke Seite ausweichen müssen. Im Talgrund überqueren wir den Garfinny River auf Felsbrocken, steigen über ein Eisengittertor und wandern auf der Asphaltstraße bergab; links befindet sich ein Wehr im Flußbett. Etwa 50 m, bevor die Straße durch ein Eisengittertor führt, biegen wir links auf einen Feldweg ab, dem auch der Dingle Way folgt. Auf einer **Betonbrücke** (3.30 Std.) überqueren wir den Garfinny River ein letztes Mal.

Der Weg führt nun allmählich bergab. Wir gehen durch ein altes

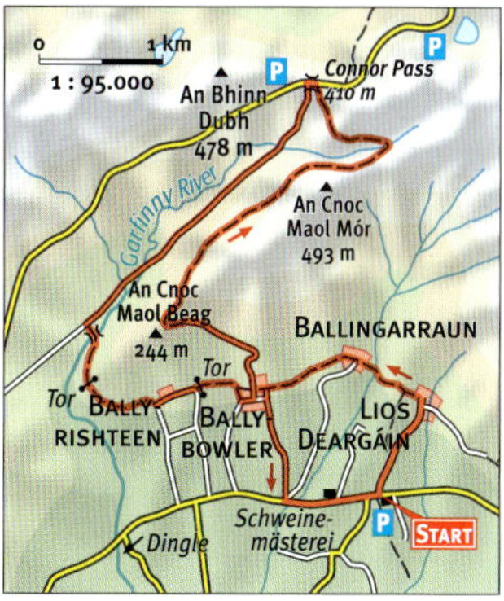

Zauntor und wandern an parzellierten Viehweiden entlang, über die der Blick nach Süden zum Short Strand und zur Bucht Trabeg schweift. Bald überqueren wir einen Zauntritt. Schließlich gelangen wir auf ein Sträßchen, dem wir nach links folgen, und marschieren an den wenigen Häusern von **Ballyrishteen** (3.45 Std.) vorbei immer geradeaus. Bei drei Eisengittertoren gehen wir durch das mittlere. Gleich darauf schreiten wir durch ein weiteres Tor; gelbe Pfeile dienen der Bestätigung.

Auf einem Holzsteg überqueren wir einen kleinen Bachlauf, gehen alsbald durch ein Eisengittertor und wandern auf dem Feldweg bergab. Wir passieren noch zwei weitere Tore, ehe wir in dem kleinen Weiler **Ballybowler** (4 Std.) auf ein Sträßchen gelangen. Nun gehen wir links weiter und durchqueren wieder das uns vom Hinweg bekannte Gehöft. Danach trennen wir uns vom Dingle Way und folgen dem teilweise arg verschlammten Sträßchen bergab.

An einer Querstraße halten wir uns links, an der nächsten Gabelung rechts. Im Talgrund überqueren wir einen Bach und folgen der Straße an einer Schweinemästerei vorbei zum **Wohnhaus** (4.30 Std.) zurück.

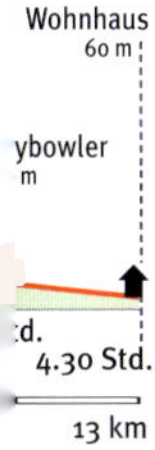

Tour 22

Zwischen Himmel und Meer

Vom O'Brien's Tower entlang der Cliffs of Moher zum Hag's Head
Senkrechte, bis zu 200 m hohe Klippen zur Rechten, sanftgewelltes Weideland mit friedvoll grasendem Vieh zur Linken: Ein schmaler Pfad führt entlang der spektakulären Steilküste zu einem alten Wachturm, der sich einsam auf einem Vorgebirge erhebt.

DIE WANDERUNG IN KÜRZE

+ Anspruch

2.45 Std. Gehzeit

9 km Länge

Charakter: einfach; allerdings ist Vorsicht geboten: Unbedingt auf dem Klippenpfad bleiben, keinesfalls dem ungesicherten Steilabbruch nähern; der Klippenrand ist äußerst abschüssig. Bei stürmischem Wetter ist die Tour nicht empfehlenswert.

Wanderkarte: OS Discovery Series, Blatt 51

Einkehrmöglichkeit: Cafeteria im Besucherzentrum

Anfahrt: über die R478 zum beschilderten Parkplatz am Besucherzentrum etwa auf halber Strecke zwischen Liscannor und Lisdoonvarna

Wichtiger Hinweis: Aus Sicherheitsgründen (abstürzender Klippenrand!) und weil die Bauern als Landeigner den Zutritt verwehren, ist der Weg vorläufig gesperrt (Redaktionsschluss Feb. 2005).

Vom **Parkplatz** folgen wir dem angelegten Fußweg zu einer Mauer, von der wir auf eine Sandsteinplattform am Klippenrand hinabblicken. Nach rechts geht es zum nahen **O'Brien's Tower** (10 Min.) hinauf, den Cornelius O'Brien, Parlamentsabgeordneter der Grafschaft Clare, 1835 als Aussichtsturm auf dem Vorgebirge an der Steilküste errichten ließ.

Atemberaubend und völlig unerwartet ist der erste Blick auf die lotrecht ins Meer abbrechenden Cliffs of Moher. Deutlich sind in den Klippen wechselnde Schichtbänder aus Sandstein und Schiefer zu erkennen. Acht verschiedene Arten von Seevögeln, darunter die possierlichen Papageitaucher, nisten auf den schmalen, mit Guano bekleckerten Felssimsen. Bis

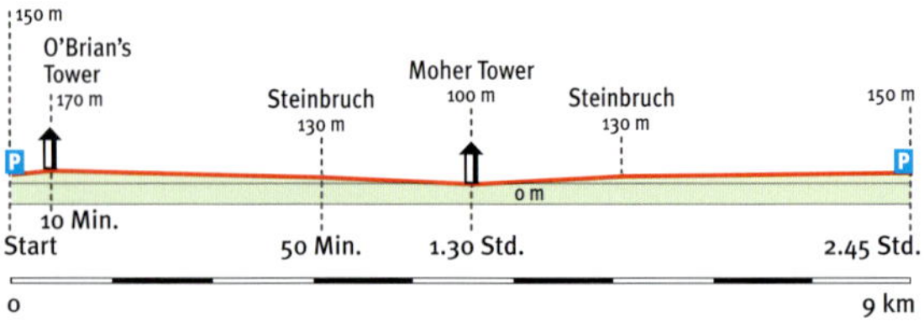

ins 20. Jh. hinein galten die Eier und auch die Vögel selbst den Einheimischen als Leckerbissen. Dazu wurde nachts ein Mann an den Klippen abgeseilt, der mit einer Lampe die bei Dunkelheit sehr passiven Tiere blendete und in aller Ruhe soviel der leichten Beute in seinem Sack verstaute, wie er nur tragen konnte.

Wir gehen den Fußweg ein Stückchen zurück, klettern oberhalb der Steinplattform über die Mauer und folgen dem Pfad auf den Klippen nach Süden. Gleich am Anfang fällt der Blick in einen gewaltigen, von senkrechten Felswänden gesäumten Küsteneinschnitt. Tief unten liegt Goat Island, ein isolierter Felsvorsprung.

Schon bald lassen wir die Menschenmassen und den Rummel am Besucherzentrum hinter uns und haben die urgewaltige Landschaft fast für uns allein. Wie für die Ewigkeit geschaffen, reihen sich die Klippen aneinander, doch unerbittlich nagt der Atlantik an der Steilküste, und mit schäumender Gischt brechen sich die Wellen an den Felswänden. Jahr für Jahr kommt es zu neuen Abbrüchen; Teile des alten Klippenpfades, ja ganze Picknickplätzchen mitsamt Tischen und Bänken (doch gottlob ohne die Rastsuchenden) hat die Erosion schon in die Tiefe gerissen.

In leichtem Auf und Ab verläuft der Klippenpfad an Erdwällen mit senkrecht aufgestellten Steinplatten entlang, die das Vieh auf den Weiden zur Linken daran hindern, sich dem Steilabbruch zu nähern. Wir erreichen einen ehemaligen **Steinbruch** (50 Min.), in dem einst Schiefer abgebaut wurde. Zur Blütezeit im 19. Jh. gab es am Klippenrand eine ganze Reihe von Steinbrüchen, in denen insgesamt rund 500 Arbeiter beschäftigt waren. Der hochwertige Schiefer wurde vom nahen Liscannor aus bis nach England verschifft und fand u. a. beim Bau der Königlich-britischen Münzanstalt Verwendung.

Das auffällige Wellenmuster in den Steinplatten, das den besonderen Wert dieses Schiefers ausmacht, rührt allerdings keineswegs von fossilen Wurmlöchern her, wie gerne kolportiert wird. Vielmehr sind es sogenannte Rippelmarken, wellenförmige Linien, die sich an seichten Meeresküsten durch den Seegang im Schlick bilden. Der Schiefer, der hier an den Klippen ansteht, zeigt die versteinerten Rippelmarken jener Tonschichten, die vor Jahrmillionen vom Meer umspült wurden. Später verfestigte sich der Ton zu Schiefergestein, das schließlich aus dem Meer herausgehoben wurde.

Unser Klippenpfad führt an einem weiteren Steinbruch vorbei, bis wir schließlich den **Moher Tower** (1.30 Std.) am Hag's Head erreichen. Auf demselben Weg kehren wir zum **Parkplatz** (2.45 Std.) zurück.

Die Cliffs of Moher

Auf dem strategisch bedeutsamen Vorgebirge am Hag's Head lag um Christi Geburt ein Promontory-Fort, das später zerstört wurde. Ihm verdanken die Klippen ihren heutigen Namen, denn man nannte die Festung *Mothar Ui Ruain,* ›O'Ruans zerstörtes Fort‹; aus Mothar wurde später dann Moher. Den Moher Tower ließen die Engländer im Jahr 1808 errichten. Er gehörte zu einer ganzen Kette von Wachtposten entlang der irischen Südwestküste, die der Abwehr einer befürchteten napoleonischen Invasion dienen sollten. Dazu ist es allerdings nicht gekommen. Bei klarer Sicht reicht der Blick nach Süden entlang der geschwungenen Küstenlinie bis zum fernen Brandon Mountain auf der Dingle-Halbinsel.

Die Cliffs of Moher

Die Kirche im Sand

Rund um Inisheer, die kleinste der drei Aran Islands

Ganze 50 m erhebt sich das flache felsige Eiland aus dem oftmals ungestümen Atlantik. Bis heute sprechen die Menschen hier Gälisch, die Sprache ihrer Ahnen, und fast allabendlich erklingt irische Musik in den Pubs. Reif für die Insel? Auf nach Inisheer!

DIE WANDERUNG IN KÜRZE

+ Anspruch

2.45 Std. Gehzeit

10 km Länge

Charakter: einfach; durchgängig gute Wege, Markierung durch die offiziellen Wegpfosten der Fernwanderwege

Wanderkarte: OS Discovery Series, Blatt 51

Einkehrmöglichkeiten: mehrere Pubs und Restaurants

Anfahrt: von der R478 Lisdoonvarna/Lehinch auf die R479 Richtung Doolin abbiegen; an einer Querstraße nach links; an der nächsten Straßenverzweigung rechts durch Doolin bis zum Doolin Pier. Überfahrt mit der Fähre (Doolin Ferry Company); Fahrzeit rund 30 Min. Von Mitte April bis Okt. verkehrt die Fähre tägl. Auskunft und Reservierung: Doolin Ferry Office, The Pier, Doolin, Co. Clare, ✆ 065/74455 u. 74466, Fax 74417.

›Happy Hooker‹ heißt die eine, ›Tranquility‹ (Ruhe und Frieden) die andere der beiden Fähren, die regelmäßig zwischen den Aran Islands und dem Festland verkehren. Bei der Überfahrt genießen wir einen herrlichen Blick auf die Cliffs of Moher, schroffe Felsklippen, die sich an der Küste erheben. Nachdem wir wieder festen Boden unter den Füßen haben, wenden wir uns von der **Hafenmole** nach links. Am Anfang des Sandstrands *(An Trá)*, der die kleine Meeresbucht säumt, folgen wir der Straße nach rechts landeinwärts und halten uns an der Gabelung neben dem ersten Haus links. Sogleich stehen wir vor dem *Cnoc Raithní* (Farnhügel). Ausgrabungen dieses kleinen befestigten Hügels brachten Urnen ans Tageslicht, die eine Besiedlung von Inisheer schon während der Bronzezeit (um 1500 v. Chr.) belegen.

Direkt hinter dem Hügel biegen wir nach links ab und folgen dem Asphaltsträßchen geradeaus am Sportplatz vorbei. Allmählich nähern wir uns dem kleinen Flughafen, dessen Landebahn links in Sicht kommt. Nun steigen wir schräg rechts den sandigen Hang empor, um die sogenannte versunkene Kirche (Sunken Church) zu besuchen. Inmitten des kleinen Inselfriedhofs liegt der **Teampall Chaomháin,** von Sanddünen fast verweht, in einer Mulde unterhalb des heutigen Bodenniveaus. Das verfallene Kirchlein (10.–14. Jh.) war einst dem heiligen Caomhán geweiht, dem Schutzpatron von Inisheer.

Auf dem Asphaltsträßchen geht es geradeaus weiter, vorbei am Flughafen und an einem Abzweig nach rechts zu Wohnhäusern. Am Ende des umzäunten Flughafengeländes schwenkt das Sträßchen nach rechts und führt in die von unzähligen, sorgsam geschichteten Steinmauern parzellierte Landschaft, für die Inisheer (gälisch *Inis Oírr*) berühmt ist. Rechts taucht das **Loch Mór** auf; unsere Wanderroute wird in einer Schleife um dieses kleine Gewässer herumführen. Vor 100 Jahren gab es Pläne, den ›großen See‹ (so die wörtliche Übersetzung) durch einen 90 m langen Kanal mit dem Meer zu verbinden und zum sicheren Hafenbecken auszubauen, doch aus diesem Vorhaben ist nie etwas geworden.

An einer Wegkreuzung wandern wir geradeaus auf dem Feldweg weiter. Bald bietet sich zur Linken ein beinahe unwirklicher Anblick: Wie ein Phantom liegt das rostrote Wrack der **›Plassey‹** (45 Min.) bäuchlings am Strand. Unerbittlich nagen Wind und Wetter an dem Eisengerippe, das sich mehr und mehr auflöst. Es war an einem stürmischen Tag im März 1960, als die ›Plassey‹ vor der Küste ein Riff rammte und auf Grund lief. Gewaltige Sturmfluten müssen es gewesen sein, die das tonnenschwere Schiffswrack schließlich an Land geworfen haben. Die Besatzung wurde übrigens durch die Inselbewohner aus der Seenot gerettet, doch die Ladung schottischen Whiskys blieb unerklärlicherweise verschwunden...

Fünf Minuten später biegen wir nach rechts landeinwärts ab, und es geht an einem links abzweigenden Nebenweg vorbei. Gleich darauf schwenkt der Hauptweg, auf dem wir bleiben, nach rechts und steigt leicht an. Wir haben nun einen schönen Blick über die Landschaft und sehen Steinmäuerchen, so weit das Auge reicht. In der Ferne fließen die Mauern mehr und mehr ineinander, so daß man trotz der grünen Parzellen schließlich nur noch grauen Fels erblickt. Kunstvoll sind die Trockenmauern aus Steinen geschichtet; vorkragende Trittsteine oder kleine Durchlässe ermöglichen es, in die Felder zu gelangen. Felder? Mühsam haben die Bauern über Generationen die dünne Bodenkrume auf den karstigen Kalksteinplatten verbessert, haben Seetang und Dung aufgebracht. Einen Spaten wird man trotzdem kaum in den Boden stechen können, ohne daß es kracht.

Bei den ersten Häusern von **An Formna** (1 Std.; der Name ist vorkeltischen Ursprungs und zeugt von einer sehr frühen Besiedlung) setzt sich der Weg asphaltiert fort. Wir stoßen sogleich auf ein Quersträßchen und laufen links weiter. In dem kleinen Weiler sind noch alte Steinkaten mit reetgedeckten Dächern zu sehen. Es geht an einem rechts abzweigenden Fahrweg vor-

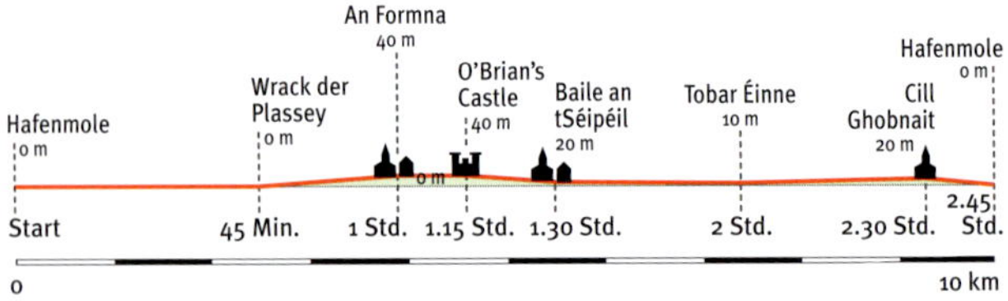

bei, ehe wir die nächste Rechtsabzweigung nehmen. Dieser alte grasbewachsene Weg führt in eine Niederung hinab und stößt auf einen Fahrweg, dem wir hangaufwärts folgen. Wir wandern in einer Doppelkehre empor und an einer Rechtsabzweigung vorbei bis zu einem Quersträßchen. Während des Anstiegs bietet sich rückblickend eine gute Sicht auf die kreuz und quer von Steinmäuerchen durchzogene Landschaft.

Schräg rechts vor uns erhebt sich **O'Brien's Castle** (1.15 Std.). Die Burgruine steht inmitten des *Dún Formna,* einer viel älteren Festung mit fast drei Meter dicken Außenmauern. Wir wandern links auf dem Sträßchen weiter. Es geht an einer Sendestation und einem alten verfallenen Signalturm vorbei, den die Engländer 1804/05 zum Schutz vor einer drohenden napoleonischen Invasion erbauen ließen. Wir nehmen die erste Rechtsabzweigung und gehen diesen alten grasigen Weg zwischen Steinmäuerchen hinunter. Weiter unten stoßen wir auf ein asphaltiertes Quersträßchen, dem wir nach rechts bergab folgen.

An der nächsten Straßengabelung halten wir uns links und bleiben nun auf dem asphaltierten Hauptweg, der uns durch **Baile an tSéipéil** (1.30 Std.; ›Kirchdorf‹) führt. An der Gabelung hinter der Kirche St Caomhán laufen wir links weiter, gehen an einer Linksabzweigung vorbei und biegen am nächsten Quersträßchen nach links ein. Kurz darauf halten wir uns an einer Gabelung links. Die nächste Zeit wandern wir nun geradeaus auf dem anfänglich asphaltierten Feldweg, der uns in den einsamen Südosten der Insel führt.

Ein Gefühl von Abgeschiedenheit empfängt uns in dieser kargen Ge-

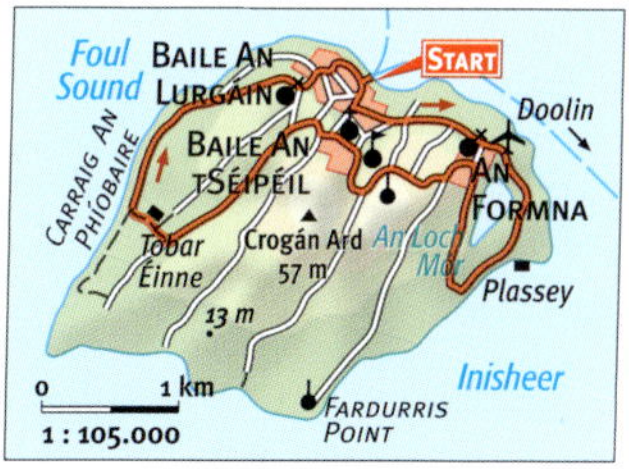

gend mit ihrem Labyrinth aus Steinmauern. Hin und wieder steht eine Kuh auf den Feldern, die stoisch an dem wenigen Grün nagt, das aus den Klüften und Spalten zwischen den Felsen sprießt. Regen fällt zwar genug auf den Aran Islands, aber der poröse Kalkstein läßt das Wasser rasch versickern. Die Viehtröge, die verstreut in den Feldern liegen, sind daher meist mit einer Betonabdichtung versehen.

Etwa 50 m hinter einem kleinen Gebäude am linken Wegesrand verlassen wir den Feldweg und gehen rechts zwischen hohen Mauern den Weg hinab. Alsbald kommt eine Verzweigung, an der wir uns rechts halten. Sogleich stoßen wir auf die Biegung eines Feldweges, dem wir nach links folgen. Nach etwa 300 m kommt rechts eine Bresche in der Mauer, die von zwei Felsbrocken überdacht ist; zu beiden Seiten des Durchlasses befinden sich schöne Kreuzblumen. Durch diese Mauerbresche erreichen wir die **Tobar Éinne** (2 Std.), die Quelle des Enda. Der frühchristliche Heilige, ein Schutzpatron der Insel, soll ganz in der Nähe in einer *beehive hut* gelebt haben.

Wir gehen auf dem Weg weiter und gelangen rasch zur geröllligen Westküste, wo unsere Route nach rechts schwenkt. So öde und karg, wie sich uns das Land hier präsentiert, war die ganze Insel, bevor in

Diese Steinmäuerchen sind typisch für Inisheer

mühsamer Arbeit über Generationen die heutigen Felder geschaffen wurden. Der Weg verläuft parallel zur Küstenlinie am *Carraigh an Phíobaire* (Fels des Flötenspielers) vorbei; übers Meer schweift der Blick zur Nachbarinsel Inishmaan. Ehe unser Weg kurz bergabfü,hrt, erblicken wir rechts eine Mulde im verkarsteten Gelände, eine sogenannte Doline.

An einer Weggabelung halten wir uns rechts und marschieren leicht ansteigend in das Gebiet der Steinmauern zurück. Bald tauchen die ersten Häuser von Baile an Lurgáin (Schienbein-Weiler) auf. Wir stoßen auf eine asphaltierte Querstraße, die nach links in den Ort führt. Zunächst jedoch wenden wir uns etwa 40 m nach rechts, bis rechts ein Tor in der Mauer Durchlaß zur **Cill Ghobnait** (2.30 Std.) gewährt. Das Kirchlein (8./9. Jh.) ist der heiligen Gobnat geweiht, der Schutzpatronin der Bienen. Außen an der Kirche befinden sich drei Epitaphien, vermutlich die Grabstätten eines Bischofs und seiner Priester. Am Eingangsportal stehen mehrere Menhire; gegenüber liegt eine verfallene *beehive hut.*

Wir gehen die Straße zurück und an der Einmündung unseres Küstenweges vorbei. Die zweite Linksabzweigung bringt uns wieder zur **Hafenmole** (2.45 Std.).

Der karge Burren

Auf Green Roads zum Faunarooska Castle

Karg und einsam präsentiert sich die eigenartige Karstlandschaft des Burren. Grautöne überwiegen in der Steinwüste, und doch sprießt aus den Felsspalten bei näherem Hinsehen eine bunte Blumenpracht.

DIE WANDERUNG IN KÜRZE

++
Anspruch

5.30 Std.
Gehzeit

23 km
Länge

Charakter: mittelschwer; überwiegend gute Wege (Green Roads), teils jedoch weglos durch felsiges, zerklüftetes Karstgelände. Bei tiefhängenden Wolken sollte die Tour nicht unternommen werden, da die Orientierung auf dem weglosen Abschnitt gute Sichtverhältnisse verlangt. Teleskopstöcke sind vorteilhaft.

Wanderkarte: OS Discovery Series, Blatt 51

Einkehrmöglichkeiten: keine; ausreichend Proviant und reichlich Getränke mitnehmen!

Anfahrt: von Ballyvaghan oder Lisdoonvarna auf der Küstenstraße R477 zur Streusiedlung Fanore; 250 m nördlich des Schulhauses von Fanore bzw. 700 m südlich der Kirche am Murroogh River (Flußbrücke) auf die Stichstraße zum Parkplatz am Strand von Fanore abbiegen

Hinweise: Das ausgezeichnete Burren Display Centre in Kilfenora informiert (auch auf Deutsch) über diese Landschaft. Geöffnet Mitte März–Okt. tägl. 10–17, Juli/Aug.–19, Mai/Sept. bis 18 Uhr

Vom Parkplatz gehen wir zum Strand von **Fanore** hinunter und rechts daran entlang, bis wir den Murroogh River (der in seinem Oberlauf Caher River heißt) überqueren. Nun wenden wir uns vom Strand ab und gehen landeinwärts links am Flüßchen entlang. Wir folgen alsbald einem Fahrweg, der uns durch eine unansehnliche Wohnwagenkolonie und am »Shop« vorbei im Rechtsschwenk zur Fahrstraße führt.

Wir wenden uns nach links und biegen wenige Minuten später schräg rechts auf einem Fahrweg zu den wenigen Häusern von **Murroogh** (30 Min.) ab. Hier gehen wir geradeaus, bis der Fahrweg nach rechts biegt und zu den letzten (neueren) Häusern führt. In dieser Biegung steigen wir geradeaus über das Steinmäuerchen und gehen auf einem alten Weg weiter, der anfänglich mit Gestrüpp zugewachsen ist. Bald verläuft der breite grasige Weg, eine sogenannte Green Road, zwischen Steinmäuerchen geradlinig am Hang entlang. Wir wandern stets geradeaus und überqueren einige Quermäuerchen und Gatter. Rechts erheben sich die grauen, von Felsbändern unterbrochenen Kalksteinhänge, die für den Burren typisch sind. Oberhalb des Black Head geht es auf gleichbleibender Höhe um eine von einem großen Steinmännchen gekrönte Anhöhe. Nach Norden schweift der Blick über die weite Galway Bay.

Die Green Road stößt schließlich auf ein Steinmäuerchen; die Anhöhe mit dem Steinmännchen liegt mittlerweile rechts hinter uns. Diese Stelle ist eindeutig, denn dahinter verbreitert sich der Weg zum Viehsammelplatz, steigt danach schräg rechts am Hang an und verläuft sich alsbald. Wir verlassen den Weg jedoch schon am Steinmäuerchen und beginnen mit einem weglosen Aufstieg den Hang empor. Es geht stets am Mäuerchen entlang, bis wir nach einer halben Stunde am Rande einer Hangverflachung (etwas links vom Mäuerchen, das kurz danach endet) ein steinernes, guterhaltenes **Ring-Fort** (1.15 Std.) erreichen. Es heißt *Cathair Dhuin Irghius,* Ring-Fort des Irghius. Allein im Burren sind mehrere hundert wehrhafte Rundbauten dieser Art bezeugt, die von der Keltenzeit bis ins späte Mittelalter jeweils einer Familie oder kleinen Sippe als befestigtes Gehöft dienten. Ring-Forts besaßen entweder eine aus Stein erbaute Außenmauer, wie es hier der Fall ist, oder waren von einem Erdwall mit Holzpalisaden umgeben. Bemerkenswert sind auch die neolithischen *court tombs* im Umkreis des Ring-Forts: rechteckige Begräbnisstätten aus der Jungsteinzeit, die durch senkrecht in die Gesteinsspalten gesteckte Steinplatten eingefaßt sind.

Unser nächstes Ziel ist die Anhöhe Dobhach Bhrainin, deren Gipfelplateau von hier aus allerdings noch nicht sichtbar ist. Vom Ring-Fort gehen wir exakt in gerader Verlängerung des Steinmäuerchens weiter (rückblickend kann man dies anfangs überprüfen) und überqueren das von Klüften und Spalten durchzogene Karrenfeld in südlicher Richtung. Ein direkter Aufstieg, bei dem wir mehrere kurze Steilanstiege zu überwinden haben, führt uns auf den 314 m hohen **Dobhach Bhrainin** (1.45 Std.). Auf der höchsten Stelle dieser flachen Anhöhe steht ein großes Steinmännchen, das wie ein Turm aussieht. Ob es sich vielleicht um einen keltischen Grabhügel handelt, kann nur der Spaten des Archäologen ans Licht bringen. Der Blick schweift über die grauen felsigen Hänge des Burren; im Südosten ist die Erhebung des Gleninagh Mountain zu erkennen, um dessen linke (nördliche) Flanke unsere Wanderung herumführen wird.

Vom Dobhach Bhrainin wandern wir zunächst bergab (schräg links, wenn man den Gleninagh Mountain als Bezugspunkt nimmt) in Richtung Galway Bay, bis wir ein quer verlau-

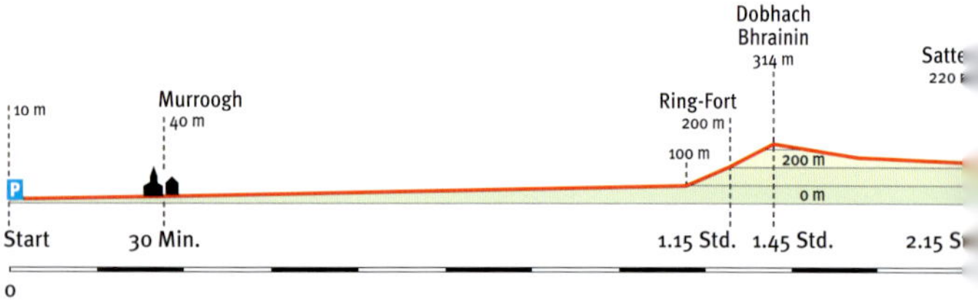

fendes Steinmäuerchen sehen und unten an der Küste Kulturland in Sicht kommt. Am Steinmäuerchen entlang marschieren wir auf auf dem flachen Rücken (rechts fällt der Blick in ein tiefes Becken, eine gewaltige Karstdoline) und dann auf gleichbleibender Höhe um die Nordflanke des Gleninagh Mountain. Sobald wir unterhalb von uns einen Sattel erblicken, der zur gegenüberliegenden Anhöhe (Cappanawalla) hinüberleitet, geht es über eine kleine Quermauer hinweg direkt in dieses Joch hinab.

Am **Sattel** (2.15 Std.) überqueren wir ein Steinmäuerchen; etwa 75 m

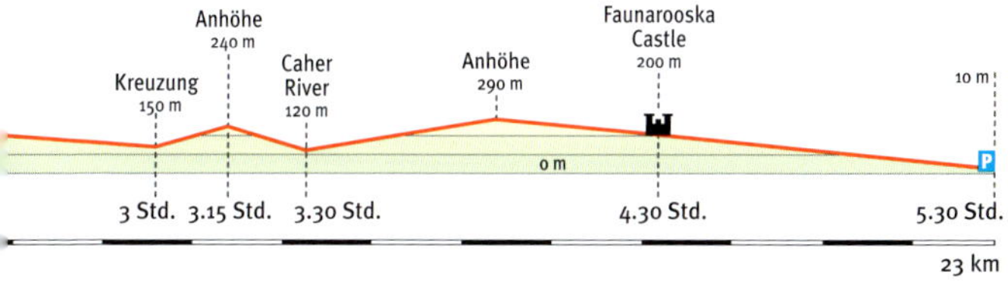

danach erreichen wir die tiefste Stelle des Sattels (Joch), wo wir auf einen steinigen alten Weg gelangen, der uns nach rechts in ein erstaunlich grünes Tal hinabführt, und zwar auf dessen linker Hangseite. Sobald sich der Weg in der waldigen Niederung verliert, folgen wir einer stabilen Steinmauer geradeaus. An ihrem Ende steigen wir über eine Quermauer und laufen geradeaus in der Talmitte weiter. Weglos geht es durch mehrere Viehweiden, deren Begrenzungsmäuerchen wir jeweils überqueren müssen. Wir passieren schließlich ein Eisengittertor, gehen links an einem verlassenen Häuschen vorbei und marschieren auf einem Fahrweg weiter. Bei einem Gehöft erreichen wir eine kleine **Kreuzung** (3 Std.) und biegen nach rechts ab. Unsere Wanderung folgt nun ein Stück dem markierten Burren Way.

Der Schotterweg, eine alte Green Road, steigt zwischen Steinmäuerchen an. Beim Aufstieg sollte man nicht versäumen, einen Blick zurück ins Tal zu werfen. Links von einem Wohnhaus ist die kreisrunde Außenmauer eines Ring-Forts (Caher Fhiodhnaigh) zu sehen, rechts auf einer Felsterrasse das aus Stein erbaute Promontory-Fort Lismacsheedy. Auf der flachen **Anhöhe** (3.15 Std.) sind beiderseits Gräberfelder mit vielen aufgestellten Steinen und kleinen Dolmen zu sehen. Unmittelbar nach der höchsten Stelle kommen am linken Wegesrand zwei Hausruinen, die von einer verfallenen Steinmauer umgeben sind. Auch hier stehen wir vor den Überresten eines keltischen Ring-Forts (Caherandurrish), das allerdings in späterer Zeit stark überbaut wurde. Von den ursprünglichen Mauerzügen ist nurmehr wenig erhalten; die wesentlich jüngeren Häuser innerhalb der Einfriedung waren bis zur großen Hungersnot Mitte des 19. Jh. bewohnt.

Während des Abstiegs fällt der Blick in die üppiggrüne Talniederung des Caher River, eine fast unwirkliche Erscheinung in der kargen Felskulisse. Unten im Tal treffen wir auf ein Asphaltsträßchen und wenden uns nach rechts. (Wer die Tour nun um 1.30 Std. bzw. 4 km abkürzen möchte, kehrt über das Sträßchen zur Hauptstraße R477 bei Fanore zurück. Durch die Wohnwagenkolonie und am Strand entlang kommt man wieder zum Parkplatz.) Sogleich biegen wir links auf ein Seitensträßchen ab und überqueren den **Caher River** (3.30 Std.), den einzigen Flußlauf im Burren, der nicht im durchlässigen Karstgestein versickert.

Hinter der Brücke wenden wir uns nach rechts auf einen ansteigenden Schotterweg, auch dies eine alte Green Road. Ein kurzer Wegabschnitt ist ziemlich stark zugewachsen, doch danach geht es auf dem erstaunlich breiten Weg bequem weiter empor. Kunstvoll gearbeitet sind die flankierenden Mauern: Die Steine sind winklig versetzt zu einem ornamentalen Muster angeordnet und stehen stets mit ihrer Schmalseite aufeinander, was ihnen größtmögliche Stabilität verleiht. Auch die regelmäßigen Mauerbreschen dienen der Standfestigkeit, denn sie lassen die Winde hindurchfegen.

An einer Stelle heißt es aufgepaßt: Ein schmalerer Weg setzt sich hier geradeaus parallel zum Hang fort, wir jedoch bleiben auf dem Hauptweg, der nach links schwenkt und weiter ansteigt. Der Hang verflacht sich schließlich, und unser Weg führt fast schnurgerade über eine verkarstete Hochebene. Schräg links liegt der Slieve Elva, mit 344 m die höchste Erhebung des Burren.

Wir passieren mehrere Eisengittertore; danach führt unser Weg all-

Faunarooska Castle

mählich bergab. Bald nach einer Hausruine auf der linken Seite durchschreiten wir ein weiteres Eisengittertor. Unmittelbar dahinter zieht sich rechts ein Steinmäuerchen den Hang hinunter. Wir bleiben noch ein kurzes Stück auf dem Weg, bis wir entlang des nächsten Steinmäuerchens rechts den Wiesenhang hinabgehen. An dieser Stelle trennen wir uns vom Burren Way. In wenigen Minuten erreichen wir das **Faunarooska Castle** (4.30 Std.). Ein halbverfallener Rundturm zeugt noch von der wehrhaften Anlage, deren Hauptmauern erst vor wenigen Jahren zusammengebrochen sind.

Wir gehen den Wiesenhang weiter bis zu einem Eisengittertor hinunter und gelangen hier auf ein Asphaltsträßchen, dem wir nach rechts bergab folgen. Es führt uns an vereinzelten Häusern vorbei zu einer Gabelung hinab. Hier biegen wir auf das rechte Sträßchen, marschieren am Hang entlang, passieren einige Häuser und gelangen beim Schulhaus von Fanore auf die Fahrstraße. Nun gehen wir geradeaus ein kurzes Stück auf der Straße weiter, bis wir links zum **Parkplatz** (5.30 Std.) zurückkehren.

Der Burren

Nicht überall präsentiert sich Irland als grüne Insel. Der Burren *(boireann* – ›felsiges Land‹) ist von solch strenger Kargheit, daß er beinahe zwangsläufig Bilder von Not und Entbehrung vergangener Zeiten heraufbeschwört. Dieses rauhe felsige Land, dem sich nur mit Mühe etwas Ertrag abringen läßt, hat Cromwells Landvermesser Ludlow zynisch in knappen Worten kommentiert: »A savage land, yielding neither water enough to drown a man, nor a tree to hang him, nor soil enough to bury« (ein wildes Land, in dem es weder genug Wasser gibt, um einen Mann darin zu ertränken, noch einen Baum, um ihn daran aufzuhängen, noch Erde, um ihn zu begraben). In diese gottverlassene Gegend verbannte Cromwell viele dem katholischen Glauben treu gebliebenen Iren; nur wenige überlebten unter den schwierigen Bedingungen.

Während der Steinzeit war der Burren erstaunlich dicht besiedelt, wie die über 60 Grabstätten (darunter Dolmen und *cairns)* bezeugen; aus der Keltenzeit stammen mehrere 100 befestigte Gehöfte, sogenannte Ring-Forts. Zu jener Zeit war die Gegend noch mit lichten Kiefernwäldern bestanden und bot den Menschen recht gute Lebensbedingungen, bis Abholzung und Überweidung das Landschaftsbild radikal zu verändern begannen.

Die Entstehung des Burren begann mit einem seichten Flachmeer, in dem sich über Jahrmillionen kalkhaltige Sedimente ablagerten. Diese Sedimentschichten wurden später über den Meeresspiegel angehoben. Wind und Wetter ausgesetzt, begann der Kalkstein allmählich zu verkarsten. An der Oberfläche sind die Karstflächen von regelmäßigen Klüften und Spalten *(grykes)* durchzogen. Das Regenwasser versickert rasch im durchlässigen Gestein und fließt größtenteils unterirdisch durch das Karstmassiv, das von einem komplexen Höhlensystem mit wunderschönen Tropfsteinformationen durchzogen ist. Für Besucher zugänglich ist die Aillwee Cave südlich von Ballyvaghan. Die Verkarstung sorgt für eine gute Dränage, so daß hier nicht die sonst für Irland typische Torfbildung und allmähliche Versauerung des Bodens einsetzen konnte. Trotz der scheinbaren Kargheit gedeiht in den zahlreichen Felsspalten eine erstaunliche Vielfalt an Pflanzen, darunter arktische, alpine und mediterrane Arten. Berühmt ist der Burren insbesondere für seinen Reichtum an Orchideen.

Bisweilen gedeihen sogar in den Felsspalten des Burren noch Blumen

Irlands großer Fjord

Entlang dem Killary Harbour nach Rosroe

Still und erhaben präsentiert sich die Landschaft am Killary Harbour. Von steilen Berghängen flankiert, dringt dieser schmale, einst durch Gletscher ausgehobelte Meeresarm weit landeinwärts vor.

DIE WANDERUNG IN KÜRZE

++ Anspruch

4 Std. Gehzeit

14 km Länge

Charakter: mittelschwer; größtenteils bequeme Wege

Wanderkarte: OS Discovery Series, Blatt 37

Einkehrmöglichkeiten: unterwegs keine; im nahen Leenane mehrere Restaurants, in denen man gut Muscheln ißt

Anfahrt: von der Kylemore Abbey auf der N59 nach Osten in Richtung Leenane (auch Leenaun geschrieben), vorbei an einer Linksabzweigung mit dem Schild ›Little Killary Adventure Centre/Killary Harbour Youth Hostel‹; 300 m dahinter zweigt links ein Seitensträßchen ab, auf dem die Wanderung beginnt; gleich dahinter rechts neben der N59 an einem kleinen Steinbruch parken

Von dem kleinen **Steinbruch** gehen wir kurz die N59 bis zur Abzweigung zurück und biegen rechts auf das Seitensträßchen ein. Mit schönem Blick über das baumbestandene Tal des Bunowen River wandern wir durch Moorland. Das Sträßchen führt an einigen Wohnhäusern vorbei, und allmählich öffnet sich die Sicht auf die schimmernde Wasserfläche des Killary Harbour (gälisch *Cael Shaile* – schmaler Küsteneinschnitt). Still und einsam liegt dieser 16 km lange Meeresarm, der einzige echte Fjord Irlands, zwischen grünen Talhängen. Mit steilen Flanken erheben sich auf der gegenüberliegenden Seite die Mweelrea Mountains bis auf 814 m. Zu unserer Linken sind Steinmauern, Hausruinen und *lazy beds* am Hang zu erkennen, Spuren einer Besiedlung vor der großen Hungersnot.

In einer kleinen Einbuchtung des Fjords sehen wir Muschelbänke im Wasser. Kaum ein Restaurant in der Gegend, bei dem frische Killary-Muscheln nicht auf der Speisekarte stünden! An einer Rechtsabzweigung können wir einen kurzen Abstecher zum **Pier** (45 Min.) hinab machen, ehe wir durch ein Eisengittertor auf dem Hauptweg weiterwandern. Hinter einem weiteren Eisengittertor kommt gleich links ein kleiner Wasserfall; auf einem Betonsteg überqueren wir den **Owenearhaghbeg** (1 Std.). Sobald wir das nächste Eisengittertor durchschritten haben, erblicken wir weitere Muschelbänke im Killary Harbour.

Wir passieren ein verlassenes **Häuschen** (1.15 Std.) am linken Wegesrand, das von Rhododendren umwuchert ist. Links oben am Hang

Killary Harbour

kommen die verfallenen Häuser des Weilers Foher in Sicht, den wir auf dem Rückweg besuchen werden. Wir durchschreiten ein Gatter und marschieren geradlinig entlang der Steinmauer weiter. Bald steigen wir durch zwei Mauerbreschen und stoßen auf eine Steinmauer, die wir auf einem Zauntritt übersteigen. Es geht stets geradeaus auf dem alten, teils grob mit Steinen gepflasterten, teils mit Gras und Farn überwucherten Weg weiter, der am Hang entlang verläuft. Unentwegt genießen wir wunderbare Ausblicke auf den Killary Harbour, dessen Ausgang zum Meer allerdings durch mehrere Inseln verdeckt ist.

Der Weg schwenkt schließlich landeinwärts und führt nach leichtem Anstieg links an einer Mauer entlang, die ein Feld umgibt. Bald kommen wir zu einer Fahrstraße hinunter, die uns nach rechts in das kleine Fischerdörfchen **Rosroe** (2 Std.) führt. Nicht weit von hier öffnet sich der Killary Harbour zum Meer. Ein paar Fischerboote sind am Kai vertäut; streng liegt der Geruch von Seetang und Fisch in der salzigen Luft. Eine Tafel an der kleinen Jugendherberge erinnert daran, daß hier der Philosoph Wittgenstein von April bis Oktober 1948 gelebt hat.

Wir gehen die Straße zurück und folgen ihr etwa eine Viertelstunde bis zu einer Rechskurve oberhalb der Little Killary Bay. Linker Hand erhebt sich ein hoher gerölliger Steilhang; rechts daran entlang zieht sich eine Stromleitung zu einem deutlich eingekerbten Sattel empor. Wir verlassen die Straße in der Biegung und gehen links durch ein Holzgatter. Entlang der Stromleitung wandern wir auf einem stark erodierten Weg zu dem Sattel hinauf. Auf der **Paßhöhe** (2.30 Std.) erwartet uns eine herrli-

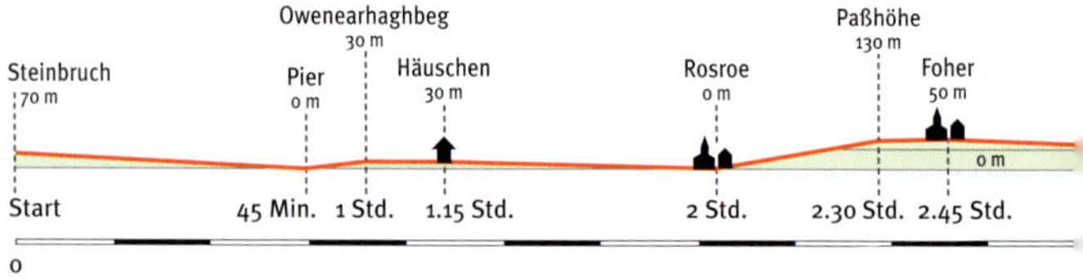

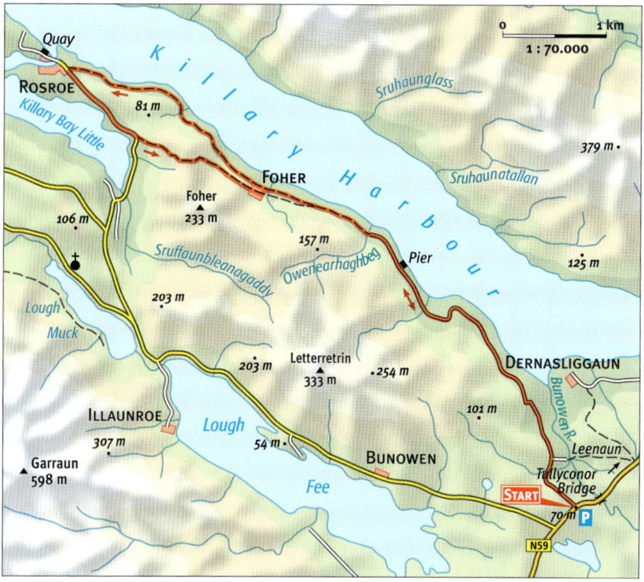

che Aussicht. Im Osten ist wieder der Killary Harbour zu sehen, im Westen liegt die Meeresbucht des Little Killary Bay zu unseren Füßen.

Hinter der Paßhöhe steigen wir links an der Steinmauer entlang den Hangeinschnitt hinab. Sobald die Stromleitung nach rechts biegt, klettern wir rechts über den Maschendrahtzaun und gehen einige Schritte an der quer verlaufenden Steinmauer entlang, bis uns links ein rostiges Eisengatter Durchlaß gewährt. Wir folgen der Steinmauer noch ein kurzes Stück, ehe wir quer über den Hang hinabgehen. Unscheinbare Wegspuren, die ungefähr dem Verlauf der Stromleitung folgen, führen uns direkt zum verlassenen Weiler **Foher** *(Fothair;* 2.45 Std.).

Wir stapfen zwischen den traurigen Ruinen umher und nehmen eine seltsam melancholische Stimmung wahr, doch nur schwer ist das Leid und Elend der Menschen vorstellbar, die hier bis zur großen Hungersnot in kärglichen Verhältnissen lebten. Die Katastrophe hat Mitte des 19. Jh. auch hier, wie so oft in Irland, eine lebendige kleine Gemeinde in ein Geisterdorf verwandelt. Unverdrossen sprudelt ein kleiner Brunnen, eine *holy well,* deren es in Irland so viele gibt, doch nur das Vieh labt sich noch an dem köstlich frischen, einst geheiligten Wasser.

Weiter den Hang hinab kommen wir wieder auf unseren Hinweg, wenden uns nach rechts und marschieren zum **Steinbruch** (4 Std.) an der N59 zurück.

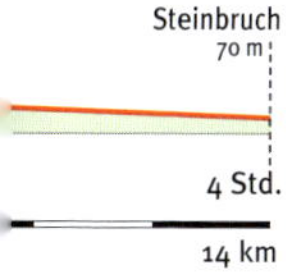

Tour 26

Klosterbrüder auf Fischfang

Beschauliche Wanderung rund um Cong

Die einst bedeutende Klosteranlage in Cong ist Ausgangspunkt eines Streifzugs durch die zauberhafte Umgebung mit ihren urwüchsigen Wäldern. Ein idyllisches Fischerhaus, eine Karsthöhle, ein romantisches Chalet und die Gärten von Ashford Castle liegen am Wege.

DIE WANDERUNG IN KÜRZE

+ Anspruch

2.30 Std. Gehzeit

8 km Länge

Charakter: einfach; gute Wege

Wanderkarte: OS Discovery Series, Blatt 38

Einkehrmöglichkeiten: unterwegs keine; in Cong verschiedene Pubs, Cafés und Restaurants

Anfahrt: Cong liegt nördlich von Galway an der R345, die über die Landenge zwischen dem Lough Mask und dem Lough Corrib führt, Parkmöglichkeit an der Abteiruine

Auf der schmalen Landenge, gälisch *cunga,* die den Lough Mask und den Lough Corrib im Osten Galwys voneinander trennt, liegt das reizende Dörfchen **Cong.** Kein geringerer als Turlach Mor O'Conor, König von Connacht und Hochkönig von Irland, ließ hier ein stattliches Augustinerkloster erbauen. Sein Sohn Ruairi O'Conor zog sich hierher zurück, als die englischen Eroberer übermächtig wurden. 15 Jahre verbrachte der letzte Hochkönig Irlands in klösterlicher Abgeschiedenheit, ehe er 1198 starb und in der Cong Abbey beigesetzt wurde. Erst später wurden seine Gebeine nach Clonmacnoise überführt.

Nachdem wir uns in den beeindruckenden Ruinen umgesehen haben, begeben wir uns vom Kreuzgang durch den Park zu dem bereits aus der Ferne erkennbaren Steinportal. Vom Torbogen blickt eine Skulptur herab, die das Haupt des letzten Abtes von Cong darstellt. Wir

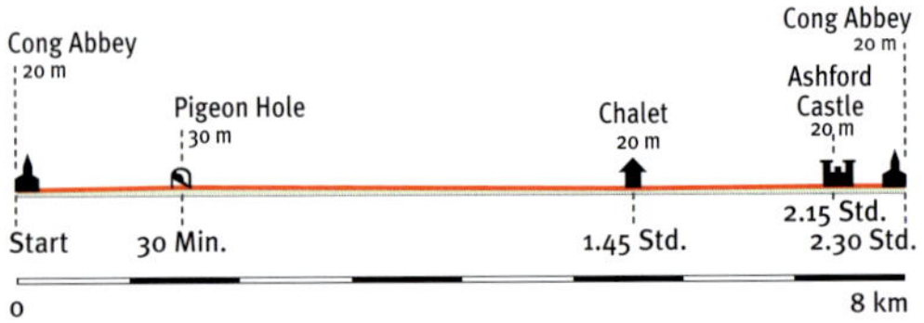

Monks Fishing House

schreiten durch das Brückenportal und erreichen **Monks Fishing House.** Unter dem kleinen Steinhäuschen (12. Jh.), das idyllisch auf einem Felsen im Cong River steht, führt ein Kanal hindurch. Eine Bodenöffnung ermöglichte es den Mönchen, ein Netz ins Wasser herabzulassen und so in aller Bequemlichkeit Fische zu fangen. Angeblich war das Netz sogar über eine Leine mit einer Glocke in der Klosterküche verbunden, so daß der Küchenmeister bei jedem Fang unverzüglich alarmiert wurde.

Wir überqueren die Flußbrücke und durchschreiten ein Portal, das von Ruairi O'Connor bewacht wird. Am gegenüberliegenden Ufer wenden wir uns rechts auf den schattigen Waldweg und halten uns anfangs stets in Ufernähe. Durch eine paradiesische Auenlandschaft mit dicht bemoosten, efeuumschlungenen Baumstämmen und sumpfigen Flußpartien, die an Mangroven denken lassen, spazieren wir gemächlich dahin. An einer Verzweigung direkt vor einem efeubewachsenen Felsbrocken geht es auf dem Hauptweg weiter, doch zuvor können wir einen kurzen Abstecher nach rechts machen und dem Seitenweg bis zu einer Brücke in wildromantischer Umgebung folgen. Wir kehren zu der Verzweigung zurück und wandern auf dem Hauptweg weiter. Ein moosgrüner Hohlweg mit tropfnassen Seitenwänden führt uns durch einen kurzen Tunnel unter einer Fahrstraße hindurch.

Der Weg schlängelt sich durch urwüchsigen Mischwald. Rechts taucht schließlich das **Pigeon Hole** (30 Min.) auf. Eine Treppe führt in den dunklen Höhlenschlund hinab. Ein weiteres

Vordringen ist nur mit Spezialausrüstung und unter fachkundiger Führung ratsam. Das ›Taubenloch‹ gewährt Zutritt in ein weitverzweigtes Höhlensystem, das sich im verkarsteten Kalkstein gebildet hat. Wir gehen geradeaus auf dem Hauptweg weiter, kommen durch zwei Steinsäulen hindurch auf die Asphaltstraße (links liegt ein verlassenes Haus), überqueren sie und gehen durch eine gelb/schwarze Schranke geradeaus weiter. Wir wandern auf dem Hauptweg durch den Wald.

Schließlich stoßen wir auf einen Querweg und gehen links weiter. Nun bleiben wir stets geradeaus auf diesem Weg, bis wir hinter einer Eisenschranke auf eine Fahrstraße stoßen. Wir überqueren sie und marschieren geradeaus (links steht ein Wohnhäuschen, rechts das Schild ›Ard Na Geeha‹) auf dem Asphaltsträßchen weiter. Es führt als Hohlweg in den Wald hinein. Wir gehen an einer scharfen Rechtsabzweigung vorbei und nehmen die nächste Rechtsabzweigung (Schild ›Car park, viewing point‹). An dieser Stelle ist das altertümliche *kissing gate* neben dem Weiderost beachtenswert.

Wir gehen geradeaus über eine Wegkreuzung hinweg und erreichen den Waldparkplatz. Die Böschung ist von riesigen Rhododendren gesäumt, die zur Blütezeit im Frühling einen großartigen Anblick bieten. Hinter dem Parkplatz passieren wir eine Eisenschranke und erblicken sogleich links ein **Chalet** (1.45 Std.) neben einem Obelisken. Lord Ardilaun, ein Sproß der berühmtesten Bierbrauerfamilie Irlands, ließ das Chalet 1908 für seine Frau Olive erbauen. Arthur Edward Guinness, wie sich der Adelige mit bürgerlichem Namen nannte, hatte 1868 Ashford Castle von seinem Vater geerbt und widmete sich ganz seinen Aufgaben als Schloßherr, während sein Bruder die Brauerei übernahm. Der Guinness-Familie verdankt Cong auch die reizvolle landschaftliche Gestaltung der Umgebung, die ganz den Idealen des englischen Landschaftsgartens verpflichtet war.

Den Obelisken ließ Lady Olive 1916, ein Jahr nach dem Tod ihres Gatten, zu seinem Andenken aufstellen. Mit der Errichtung ist eine kuriose Geschichte verbunden. Alle Bediensteten von Ashford Castle, rund 120 Personen, sollten sich morgens um sieben Uhr am Chalet einfinden, um diesem denkwürdigen Ereignis beizuwohnen und bei der Aufstellung zu helfen. Als aber die bunte Schar eintraf, stand der Obelisk zur allgemeinen Überraschung bereits an Ort und Stelle. Drei Steinmetzen hatten die ganze Arbeit mit Hilfe eines Pferdes und eines Flaschenzuges alleine verrichtet, da sie ihr Berufsgeheimnis unter keinen Umständen der Öffentlichkeit hatten preisgeben wollen!

Nach wenigen Schritten verlassen wir den breiten Schotterweg und gehen rechts einen schmalen Fußweg hinab, der uns zu einer kleinen, abgeschiedenen **Kiesbucht** führt. Holzbänke laden zur geruhsamen Rast mit Blick auf den stillen, mit zahlreichen Inselchen gesprenkelten See. Gerne schenkt man der alten Geschichte Glauben, wonach es 365 Eilande im Lough Corrib gibt; alle Schaltjahre kommt eine neue Insel hinzu. Bei sonnigem Wetter kann man in dieser Bucht ein wahrlich erfrischendes Bad nehmen, bei Regen hingegen in der Schutzhütte am Strand Zuflucht suchen.

Am Ende der Bucht folgen wir dem Fußweg bergan, gelangen wieder auf den Hauptweg und gehen rechts weiter. Wir laufen an einer Linksabzweigung vorbei und stoßen hinter einer gelb/schwarzen Eisenschranke auf die Biegung eines Weges. Wir können nun entweder rechts auf dem Seeuferweg weitergehen, oder aber wir wenden uns nach links zum Anfang einer breiten Allee aus mächtigen Kiefern. Wir spazieren durch die Allee, kommen an einem Tennisplatz vorbei und gehen sogleich geradeaus über eine Wegkreuzung hinweg zum **Ashford Castle** (2.15 Std.). Ashford Castle wurde in der zweiten Hälfte des 19. Jh. unter Lord Ardilaun erbaut. Das Schloß wurde 1940 in ein Hotel umgewandelt, während die Ländereien heute größtenteils in staatlicher Hand sind.

Wir gehen links um das Schloß herum und können einen Abstecher in die Terraced Gardens machen; von der Fontaine führt die Querachse (Weg) direkt dorthin. Diese in Stufen angelegten Gärten bieten ein romantisches Bild der Vergänglichkeit. Wir kehren zum Schloß zurück, laufen über den Parkplatz und wenden uns direkt vor der Flußbrücke links auf den asphaltierten Weg. Von hier aus können wir am jenseitigen Ufer die erste Schleuse des **Dry Canal** erkennen. Mit dem Bau dieses 6,5 km langen Kanals, der den Lough Corrib mit dem Lough Mask verbinden sollte, wurde 1848 begonnen. Einige Jahre später stand die Wasserstraße kurz vor der Fertigstellung, doch dann wurden die Bauarbeiten eingestellt: Der Kanal erwies sich als undicht! Die mit dem Bau beauftragten Ingenieure hatten schlicht übersehen, daß ein Kanal im wasserdurchlässigen Kalkstein und ohne Betonabdichtung ein Ding der Unmöglichkeit sein mußte. Noch heute zeugt der Porous Canal, wie er auch genannt wird, von diesem Schildbürgerstreich, der immerhin ein Gutes hatte: In den Jahren der großen Hungersnot brachte er den Arbeitern Brot und Arbeit.

Wir durchschreiten ein kleines Portal; links liegt der knapp zwei Meter tiefe Trockengraben, ein sogenannter Ha-ha, vor der Wehrmauer. Wer hier ein Lachen zu vernehmen meint, geht allerdings fehl. Des Rätsels Lösung: Ein *haw-haw* (die Wie-

Beschaulicher Waldweg bei Cong

derholung dient nur der Steigerung) ist eine tiefliegende Barriere, die die Sicht nicht behindert, abgeleitet von *haw* (verwandt mit dt. Hag – Hecke).

Wir verlassen sogleich den asphaltierten Weg und wandern geradeaus auf dem Fußweg am Flußufer entlang. Es geht zunächst über eine Wiese, dann durch schattigen Wald mit einer Vielzahl exotischer Bäume, die Lord Ardilaun anpflanzen ließ. Wir passieren ein Flußwehr und laufen kurz darauf an einer Linksabzweigung vorbei (sie führt zur Höhle Teach Aille und zum Joyce's Tower) geradeaus weiter; rechts steht ein mächtiger Redwood. Bald erreichen wir wieder die Brücke am Monks Fishing House und kehren zur **Cong Abbey** (2.30 Std.) zurück.

Der Dichter und das Schwein

Lady Ardilaun stand ihrem eifrigen Gatten in seiner Leidenschaft für Gartengestaltung keineswegs nach, und da sie Efeu besonders liebte, ließ sie die immergrüne Kletterpflanze auf dem gesamten Anwesen anpflanzen. Ihr ganzer Stolz waren indes die kunstvoll angelegten Blumenrabatten... zumindest bis zu jenem Tage, an dem ihr Oscar Wilde einen Besuch abstattete. Nach dem Lunch begab man sich in den Park, wo Lady Ardilaun dem jungen Poeten ihre neu angelegten Gärten zeigte. An einer Blumenrabatte, die die Initialen der Hausdame darstellte, blieben sie stehen, und Lady Ardilaun wandte sich an den Dichter: »Gefällt Ihnen mein Garten?« »Nein«, erwiderte dieser, »er ist ausgesprochen langweilig«. Die Dame schrak zurück ob der unerwarteten Antwort und wollte wissen, was er denn meine. »Ich finde, der Garten ist ausgesprochen langweilig. Denken Sie nicht?« »Finden Sie meine Initialen nicht sehr gelungen?« »Schon, aber ich mache mir nichts daraus in Form eines Blumenornamentes, selbst wenn es Ihre Initialen sind.« »Die Gärtner wollten das Familienemblem darstellen, aber das konnte ich nicht zulassen, da es ein Schwein ist.« »Oh!«, schrie Oscar Wilde auf, »hätten Sie doch nur! Es wäre der Inbegriff des Absurden gewesen! Stellen Sie sich doch nur vor – ein Schwein in der Mitte einer sorgsam gepflegten Blumenrabatte!« Der Dichter wirkte plötzlich sehr belustigt und begann wild zu gestikulieren. Mit lauter Stimme beschrieb er das Aussehen des Tiers. Anhand von Blumen der unterschiedlichsten Farben und Formen ließ er das Bild eines wahrhaft prächtigen Schweins entstehen, eines Borstenviehs, das vor dem geistigen Auge der Dame mit horrender Klarheit Gestalt annahm. Als der Dichter schließlich den irritierten Gesichtsausdruck von Lady Ardilaun wahrnahm, beendete er seine Ausführung mit der Frage: »Finden Sie nicht, Ihr Familienemblem ist gut geworden?«

Auf den heiligen Berg Irlands

Von Murrisk auf den Croagh Patrick

Als freistehender Bergkegel erhebt sich der Croagh Patrick südlich der Clew Bay. Jahr für Jahr begeben sich Scharen von Pilgern auf den Spuren des heiligen Patrick auf den beschwerlichen Weg zum Gipfel. Ein atemberaubender Ausblick entschädigt für manche Strapazen.

DIE WANDERUNG IN KÜRZE

+++ Anspruch

4 Std. Gehzeit

7 km Länge

Charakter: anstrengend; steiler, auf dem letzten Stück gerölliger Auf- und Abstieg; bei Nässe oder tiefhängenden Wolken mit schlechter Sicht nicht empfehlenswert

Wanderkarte: OS Discovery Series, Blatt 30

Einkehrmöglichkeiten: unterwegs keine

Anfahrt: zur Häuseransammlung Murrisk, etwa auf halber Strecke zwischen Westport und Louisburgh an der R335; auf der Südseite der Straße, schräg gegenüber der Abzweigung zur Murrisk Friary, liegt der große Parkplatz

40 Tage soll der heilige Patrick im Jahr 441 auf der unwirtlichen Felskuppe des Croagh Patrick *(Cruach Phádraig)* ausgeharrt haben, um zu beten und zu fasten. Seit jener Zeit gilt der Berg den Iren als heilig. Jeweils am letzten Sonntag im Juli (Reek Sunday) besteigen ihn rund 50 000 Menschen, darunter trotz kirchlichen Verbots auch barfüßige Wallfahrer.

Vom **Parkplatz** folgen wir dem Asphaltsträßchen bergauf. Nach fünf Minuten grüßt der heilige Patrick, eine strahlendweiße Statue aus dem Jahre 1928, die Pilger am Anfang der eigentlichen Aufstiegsroute. Bald schreiten wir durch ein Holzgatter und wandern den breiten, steinigen und zunehmend steilen Weg empor. Rechts schweift der Blick über eine heidebedeckte Hangsenke zum Lugnademon (510 m), einem Nachbargipfel des Croagh Patrick. Auf einem breiten **Sattel** (1.30 Std.), der zwischen einer namenlosen Anhöhe zur Linken und dem Lugnademon zur Rechten liegt, verflacht sich der Anstieg. Eine Verschnaufpause bietet Gelegenheit, den Ausblick über grüne Abhänge hinweg auf die Clew Bay zu genießen. Verstreut stehen Häuser in der Küstenniederung.

Der Wanderweg schwenkt nach rechts und führt auf einem Bergrücken südlich des Lugnademon vorbei. Landeinwärts erstreckt sich unwegsames Moorland in der Niederung, dahinter erheben sich wilde Berge. Allmählich nähern wir uns dem gerölligen Steilhang der Croagh Patrick. Am Fuße des Berges liegt die erste **Wallfahrtsstation** *(Leacht Benain;* 2.15 Std.). Gläubige Pilger sind gehalten, diesen kegelförmigen Steinhaufen sieben Mal betend zu umschreiten.

Nun steht uns der anstrengendste Teil des Aufstiegs bevor. Schutt und Geröll türmen sich himmelwärts, soweit das Auge reicht... kein Zweifel, dieser Berg ist ganz dazu angetan, Buße zu tun und Abbitte zu leisten.

Die Statue des heiligen Patrick

Zunächst folgen wir der direkten Aufstiegsroute ein wenig den Geröllhang empor. Die erschreckend steile Hangpartie können wir jedoch umgehen, indem wir nach kurzer

Zeit rechts auf eine Seitenroute abbiegen; sie schwenkt bald nach links und führt schließlich wieder zur Hauptroute zurück.

Steil geht es weiter den **Croagh Patrick** (2.45 Std.) hinauf. Ein scharfer Wind fegt über das kahle Gipfelplateau, auf dem sich das St Patrick's Oratory erhebt. Bei Wallfahrten wird in dieser schlichten, 1905 geweihten Kapelle die Messe zelebriert. Wenn nicht gerade Wolken den Gipfel verhüllen, entschädigt ein hinreißender Rundblick für den beschwerlichen Aufstieg. Eingetupft in die azurblaue Clew Bay liegen winzige sandumkränzte Inselchen – ein Bild, das an sonnigen Tagen Impressionen der Südsee heraufbeschwört. Auf demselben Weg kehren wir zum **Parkplatz** (4 Std.) zurück.

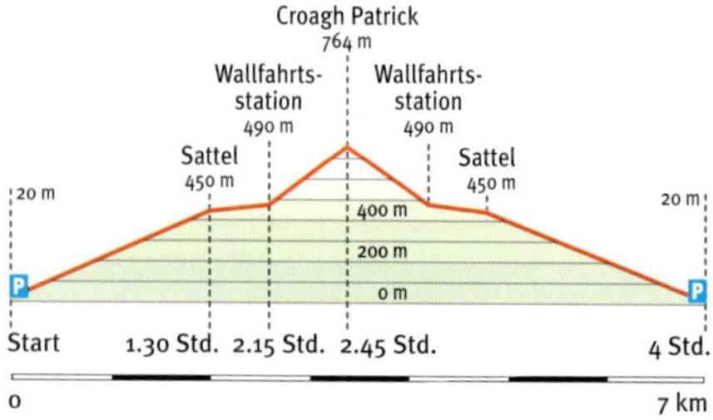

Die Schlacht der Bücher

Auf den Kings Mountain und den Benbulbin

Mit steilen Flanken erheben sich hoch über dem grünen Umland die Dartry Mountains. Von den Hochflächen dieses gewaltigen Tafelberges eröffnet sich eine atemberaubende Aussicht auf Sligo, die Küste und das grüne Hinterland.

DIE WANDERUNG IN KÜRZE

++ Anspruch

3.30 Std. Gehzeit

9 km Länge

Charakter: mittelschwer; anfangs über einen Moorweg, dann querfeldein durch leicht sumpfiges Gelände, was einen gewissen Orientierungssinn erfordert; ein Kompaß ist von Vorteil; bei tiefhängenden Wolken und Nebel auf der Hochfläche nicht empfehlenswert

Wanderkarte: OS Discovery Series, Blatt 16

Einkehrmöglichkeiten: keine

Anfahrt: von Sligo auf der N15 12,5 km/7,8 mi nach Norden bis zur Kreuzung in Mullaghnaneane (rechts steht eine Kirche); dort rechts auf das nach Ballaghnatrillick beschilderte Sträßchen abbiegen; 2,2 km/1,4 mi weiter bis zu einer Kreuzung, dort rechts abbiegen in Richtung der Steilwand des Benbulbin; nach abermals 2,2 km/1,4 mi über die Luke's Bridge und dahinter an einer Linksabzweigung vorbei geradeaus weiter; bergauf am Flüßchen entlang bis zu einer Betonröhrenbrücke, wo die Asphaltierung endet; hier Parkmöglichkeit am Wegesrand; die Fahrwege freihalten!

Wir überqueren die **Brücke,** folgen dahinter dem steinigen Weg und gehen sogleich an einer Rechtsabzweigung vorbei. Unser Weg führt nach Süden in die sumpfige, von hohen Bergen umgebene Niederung Glendarragh; links plätschert ein Bächlein munter dahin. Im Moor wird bis heute Torf gestochen, und mit etwas Glück sehen wir die Torfstecher bei ihrer anstrengenden Arbeit.

Unser Ziel ist der Bachlauf, der am Talschluß von der niedrigsten Stelle des Hochplateaus in kleinen Kaskaden einen Hangeinschnitt herabstürzt. Kurz vor dem Ende des Tals verläuft sich unser Weg. Querfeldein wandern wir durch die morastige Niederung zum Fuße des Abhangs weiter, meiden stärker versumpfte Geländebereiche und müssen an einer Stelle über den Bach springen, der von den Kaskaden herunterkommt.

Am Hangfuß erreichen wir den **Bachlauf** (15 Min.) und folgen ihm nun steil den Wiesenhang hinauf. Das Wasser stürzt über kleine Kas-

Kaskade beim Benbulbin

kaden, die von den waagrechten Felsbändern der ausstreichenden Kalksteinschichten gebildet werden. Auf 370 m Höhe verstummt das Plätschern, kein Wasser fließt mehr im ausgetrockneten Bachbett. Erst 20 Höhenmeter weiter oben rauscht uns der Bachlauf wieder entgegen. Sein rätselhaftes Verschwinden ist ein typisches Karstphänomen, befinden wir uns doch in einem wasserdurchlässigen, von Klüften und Hohlräumen durchzogenen Kalksteingebirge. Der Bach versickert in porösen Gesteinsschichten, um weiter unten auf undurchlässige Schichten zu stoßen, die ihn wieder an die Erdoberfläche zwingen. Am Bach entlang geht es im Hangeinschnitt weiter steil empor, bis sich das Gelände verflacht und wir den Rand der **Hochfläche** (1 Std.) erreichen.

Wir wenden uns schräg nach rechts (SSW; Kompaß 195°) und wandern quer über die sanftgewellte, mit Heide und Torfmoos bedeckte Hochfläche. Dabei müssen wir kleinen, teils mit Wasser gefüllten Bodensenken ausweichen, die vermutlich beim Abbau von Baryt im 19. Jh. entstanden sind. Schon vor 200 Jahren waren die Vererzungen dieses Minerals auf dem Kalksteinplateau bekannt. Ende des 19. Jh. wurde sogar eine Seilbahn errichtet, mittels der die Erze von der Hochfläche zur Talstation transportiert werden konnten – ohne Motorkraft, denn das Eigengewicht der Schütten sorgte für den nötigen Antrieb. Vom Hafen im nahen Mullaghmore wurden die Baryterze dann nach England verschifft.

Wir halten uns rechts von den Erosionsgräben, die genau nach Süden führen und zum Einzugssystem des King's Gulley gehören. Geradlinig steuern wir den Kings Mountain an, dessen Gipfel allmählich ins Blickfeld kommt. Linker Hand erhebt sich in mittlerer Entfernung der Sendemast auf dem Truskmore. Über die sanftere Ostflanke steigen wir zum Gipfel des **Kings Mountain** (1.30 Std.) auf,

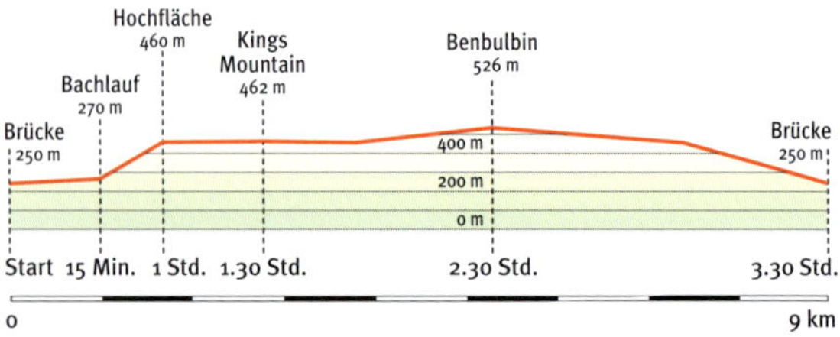

der auch Finn McCool's Table genannt wird. Uns erwartet ein atemberaubender Ausblick auf die üppiggrüne, von Hecken und Steinmäuerchen parzellierte Küstenniederung um Sligo. Jenseits der tief eingeschnittenen Sligo Bay erhebt sich der Tafelberg Knocknarea mit dem Queen Maeve's Cairn auf der Spitze. Unter dem markanten Steinhügel soll der Sage nach Königin Maeve von Connacht begraben liegen.

Wir steigen auf demselben Weg vom Kings Mountain ab, marschieren ungefähr bis zur Mitte der Hochfläche zurück und wenden uns dann schräg nach links. Nun wandern wir links an der Anhöhe Cartronwilliamoge vorbei auf der sich verengenden, mit Heide und Moosen bedeckten Hochfläche nach Nordwesten. Unser Ziel, der Triangulationspunkt auf dem Benbulbin, liegt bereits in Sichtweite. Mit etwas Glück entdecken wir am Boden zwei Pflanzenarten, die in den Dartry Mountains verbreitet sind, aber nirgendwo sonst in Irland vorkommen: das Bewimperte Sandkraut *(Arenaria ciliata)* und den Arktischen Steinbrech *(Saxifraga nivalis)*. Vom rechten Rand der Hochfläche bietet sich eine herrliche Sicht aus luftiger Höhe auf das morastige Glendarragh hinab. Deutlich sind die regelmäßigen, beim Torfstich entstandenen Geländestufen im Moor erkennbar. Jenseits des Talbeckens erhebt sich die steile Flanke des Benwiskin.

Auf der höchsten Stelle der schmalen Hochfläche geht es direkt zur trigonometrischen Betonsäule, die den Gipfel des **Benbulbin** (2.30 Std.) markiert *(Binn Ghulbain* – Gulbas Gipfel; 526 m). Der Ausblick von dieser breiten, wenig markanten Anhöhe ist bei weitem nicht so spektakulär, wie man erwarten würde. Um-

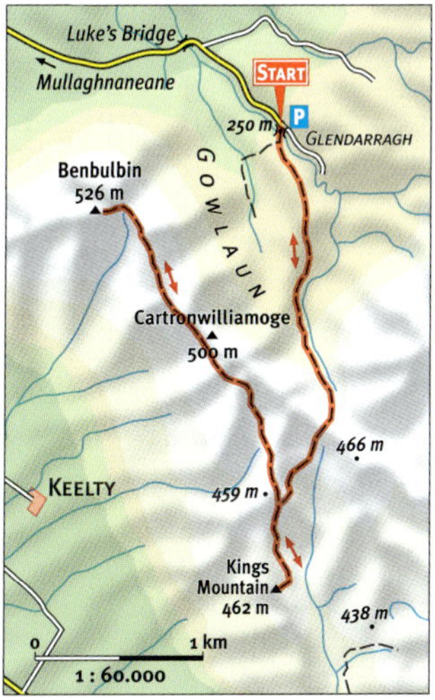

gekehrt ist der Benbulbin mit seiner steilen, zerfurchten Flanke eine überaus auffällige Erscheinung in der Landschaft, und auch in den irischen Volkssagen und in der Literatur nimmt er eine prominente Stellung ein. Nach der Legende soll der Held des berühmten keltischen Liebesepos' ›Diarmuid und Grainne auf der Jagd‹ an den Abhängen des Benbulbin seinen Tod gefunden haben, als er gerade an einer Wildschweinhatz teilnahm.

Wir kehren auf demselben Weg über die Hochfläche zurück und gehen rechts am Cartronwilliamoge vorbei, um wieder unsere Aufstiegsroute zu erreichen. Am Bachlauf entlang wandern wir den Hangeinschnitt hinab und marschieren durch das Torfmoor zur **Brücke** (3.30 Std.) zurück.

Die Schlacht der Bücher

In Sichtweite des Benbulbin, in einer Gegend namens Cooldrumman, fand

Benbulbin

die wahrscheinlich merkwürdigste Schlacht statt, die je auf irischem Boden geschlagen wurde. Als *Battle of the Books,* die ›Schlacht der Bücher‹, ging sie in die Annalen ein. Streitpunkt war eine Abschrift, die der irische Missionar Columba (521–597) heimlich von einem Psalmenband seines Lehrers, des heiligen Finnian von Moville, hatte anfertigen lassen. Eine solche Raubkopie galt offenbar schon im Mittelalter als eindeutiger Rechtsverstoß, denn wie berichtet wird, verlangte Finnian die nicht autorisierte Abschrift zurück. Rasch entstand Streit zwischen den beiden Heiligen. Der Hochkönig wurde angerufen und befand in knapper Form, daß ganz so, wie jedes Kalb seiner Mutterkuh gehöre, auch jede Abschrift zum Buche gehöre. Als Unterlegene dieses höchsten Richterspruches griffen Columbas Mannen im Jahre 561 zu den Waffen. 3000 Menschen soll die Schlacht das Leben gekostet haben. Columba ging aus dem Gemetzel siegreich hervor, doch wegen der vielen Toten war sein Seelenheil schwer belastet. Aus diesem Grund soll sich der Heilige im Jahr 563 als reuiger Sünder auf die Insel Iona begeben haben, um von hier aus die Schotten zum Christentum zu bekehren. Columbas missionarischer Drang nach Macht und Einfluß erfuhr so im Lichte von Buße und frommer Abbitte eine geradezu seligmachende Verklärung.

Am Fuße des Benbulbin gründete Columba im Jahr 575 ein Kloster. Von der frühchristlichen Anlage bei dem heutigen Weiler Drumcliff an der N15 zeugen noch der Rundturm auf der linken Straßenseite und ein reichverziertes Hochkreuz aus dem 10. Jh. Auf dem Friedhof neben der protestantischen Kirche (19. Jh.) liegt W. B. Yeats (1865–1939) begraben. Der anglo-irische Nobelpreisträger setzte in seiner Dichtung dem Benbulbin und der Gegend um Sligo ein literarisches Denkmal.

Die Klause auf den Klippen

Von Teelin über den Ein-Mann-Paß zum Slieve League

Schroffe Klippen säumen die nördliche Donegal Bay, fast lotrecht stürzen die Felswände über hunderte von Metern ins Meer. Einsam, ja unwirtlich ist die Landschaft hier oben, grandios der Ausblick aufs Meer.

DIE WANDERUNG IN KÜRZE

++ Anspruch

5.30 Std. Gehzeit

14 km Länge

Charakter: mittelschwer; teils auf Wegen und Sträßchen, teils weglos und steil über hohe Klippen; der weglose Abschnitt ist nicht markiert und sollte bei tiefhängenden Wolken keinesfalls begangen werden, da man sich im Nebel leicht verlaufen kann

Wanderkarte: OS Discovery Series, Blatt 10

Einkehrmöglichkeiten: Pubs in Teelin

Anfahrt: auf der R263 Killybegs/Glencolumbkille nach Carrick und hier am Postamt auf das Sträßchen in Richtung Teelin *(Teileann)* abbiegen. Nach 2,3 km/1,4 mi an einer Straßenverzweigung links der Ausschilderung ›Bunglas/The Cliffs‹ folgen (geradeaus weist ein Schild zum Slieve League). 400 m dahinter am Straßenrand vor der Schule in Teelin am beschilderten Abzweig nach rechts (›Bunglas/The Cliffs‹) parken

Vor der Schule in **Teelin** nehmen wir die mit ›Bunglas/The Cliffs‹ beschilderte Abzweigung nach rechts und folgen der Straße an allen Abzweigungen vorbei stetig bergauf. Verstreut liegen die Häuser des kleinen Weilers an den grünen Wiesenhängen. Die Straße schwenkt in einer Rechtsbiegung durch Croaghlin, wo sich eine letzte Einkehrmöglichkeit bietet, und führt kurz danach durch ein Eisengittertor. Zur Rechten liegt der einsame Lough Meenaviller eingebettet in den Bergen. Mit herrlichen Ausblicken aufs Meer und einen alten Wachturm tief unten am Carrigan Head schlängelt sich das Sträßchen bis zum Parkplatz am Aussichtspunkt **Amharc Mór** (Großer Ausblick; 1.15 Std.).

Unvermittelt öffnet sich ein grandioser Blick auf die Steilküste: Fast 600 m erhebt sich der Slieve League *(Sliabh Liag* – Berg der Steinplatten) über der Donegal Bay, schroff fallen die vielfarbigen, aus Schiefer, Quarzit und Konglomerat aufgebauten Felswände zur Küste ab. Rechts unten in der kleinen Kiesbucht, in der sich zwei Felsen (›Tisch und Stuhl des Giganten‹) aus dem Wasser erheben, brechen sich die Wellen an den Klippen von Bunglass. ›Ende des Grüns‹ heißt *bunglas* wörtlich – treffender läßt sich der Steilabbruch an den Klippen kaum beschreiben.

Vom Aussichtspunkt wandern wir den ausgetretenen Pfad hinauf, der sich durch Heide und an Felsen vorbei zur Anhöhe **Scregeighter** (gälisch *Screagioctar* – tiefergelegenes Felsgelände; 1.45 Std.) emporschlängelt. Hier kehren die meisten Touristen um, wir jedoch marschieren auf dem stellenweise ziemlich steilen, erodierten Pfad zur nächsten Anhöhe, dem sogenannten **Eagles Nest** (2 Std.) . Die Route verzweigt sich mehrfach, aber solange man stets auf der Anhöhe bleibt, kann man sich nicht verlaufen. Links fällt der Steilhang zur Küste ab, die inzwischen 300 m unter uns liegt; rechts schweift der Blick zur sanft in die Landschaft eingebetteten Teelin Bay.

Makaber ist die Geschichte, die sich um das ›Adlernest‹ rankt: Als der König der Lüfte hier oben noch sein Nest baute – man schrieb das Jahr 1817 –, litt die Gegend unter einer schlimmen Hungersnot. Ein gewisser Andrew McIntyre aus Croaghlin kam eines Tages in der Nähe des Adlernestes vorbei und sah den Rumpf eines Lamms im Horst. Ohne lange zu überlegen nahm er das Lamm den Jungvögeln fort, um es seiner darbenden Familie zu bringen. Die Hungersnot hielt an, und so kehrte er immer wieder zum Nest zurück, wo er Fleisch fand. Andere Menschen waren freilich weniger glücklich dran, und bald waren die ersten Hungertoten zu beklagen. Etwa zu dieser Zeit entdeckte McIntyre erstmals menschliche Gliedmaßen im Nest. Schließlich entfernte er die Adler aus dem Horst und verbrannte das Nest.

Hinter dem Eagles Nest verlieren wir zunächst ein wenig an Höhe, steigen aber bald wieder kräftig an. Der stark erodierte Pfad teilt sich mehrfach und setzt immer wieder aus, doch schließlich erreichen wir den **Crockrawer** *(Cnocreamhar* – Fetter Berg; 2.30 Std.). Parallel zum Hang wandern wir auf der rechten, landwärtigen Seite um den Gipfel. Danach setzt sich die Route entlang eines abschüssigen Berggrats fort. Mehr noch als der etwas breitere One Man's Pass würde dieser schwindelerregende Kamm die Bezeichnung ›Ein-Mann-Paß‹ verdienen. Eine Verwechslung des Namens durch die Kartenmacher des 19. Jh. ist nicht ganz auszuschließen, und so bezeichnet man den Grat, dem wir nun folgen, inzwischen auch als östlichen Ein-Mann-Paß. Wir umgehen ihn auf der Landseite, indem wir am Hang entlang weiterwandern. Rechts unten im Tal ist unser Rückweg erkennbar.

Nach kräftigem Anstieg erreichen wir eine felsige **Hochfläche** (3.20 Std.), die von einem großen Steinmännchen (ähnlich einer *beehive hut)* gekrönt ist. Diese Erhebung ist der östliche Nachbargipfel des Slieve League. Nach Nordosten kann man einen kurzen Abstecher über

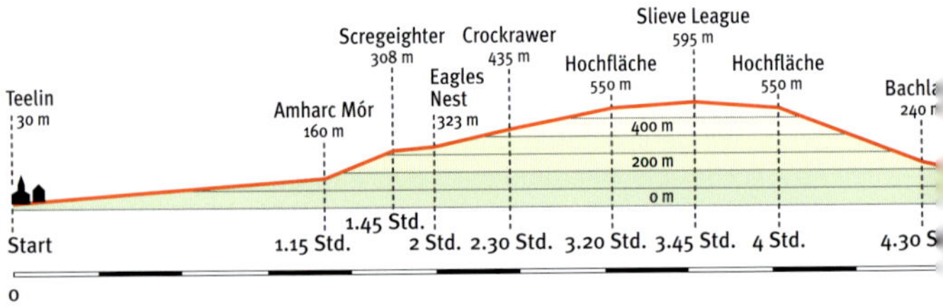

den breiten Rücken zu der verfallenen Klause des Aodh Mhac Briaena machen und sich auf die Suche nach weiteren Zeugnissen aus der Frühzeit des Christentums begeben.

Von dem großen Steinmännchen wenden wir uns nach Westen und wandern, zunächst leicht bergab, auf der sich verengenden Hochfläche weiter. Bald geht es über einen grasigen Berggrat, der nicht ganz zu Unrecht One Man's Pass heißt. Einer nach dem anderen, lautet die Devise. Landeinwärts haben wir einen schönen Blick auf den Lough Agh, der sich in ein steilwandiges Kar eingenistet hat; links fallen die Steilhänge 600 m zum Meer ab. Ein Triangulationspunkt markiert die höchste Stelle auf dem Gipfelplateau des **Slieve League** (3.45 Std.). Weit und breit verstellt uns hier kein Berg die Sicht, und so genießen wir an klaren Tagen einen großartigen Rundblick über die wilde Küstenlandschaft.

Wir kehren auf demselben Weg zu dem großen Steinmännchen auf der **Hochfläche** (4 Std.) zurück und wenden uns schräg nach links. Steinmännchen geleiten uns nach Osten den Hangeinschnitt hinab. Bald gelangen wir auf den alten Pilgerweg, der von Teelin durchs Tal heraufführt. Der Weg ist anfänglich geröllig und stark erodiert, doch ist es schon eine Wohltat, überhaupt wieder einen eindeutigen Wegverlauf zu haben. Tief unten liegt die Teelin Bay in Sichtweite, eingerahmt von grünem Marschland. Unser Weg bessert sich allmählich, überquert einen

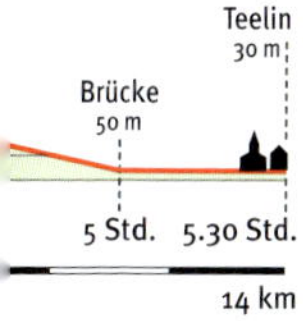

Die Cliffs of Bunglass

Bachlauf und wechselt die Talseite. Hier schwenkt der Weg nach rechts und führt auf einer kleinen Brücke über einen **Bachlauf** (4.30 Std.) . In der flachen sumpfigen Talniederung erblicken wir den Croleavy Lough.

Der Weg führt um eine scharfe Rechtskurve und setzt sich asphaltiert fort. An einer Straßenverzweigung gehen wir nach rechts über eine **Brücke** (5 Std.). Dahinter wenden wir uns nach links und marschieren die Straße an zwei Rechtsabzweigungen vorbei hinab. Wir gelangen wieder auf die Hauptstraße in Teelin, die wir von der Herfahrt kennen, und laufen nach rechts zur Schule in **Teelin** (5.30 Std.) zurück.

Berge und Heilige

Seit jeher hat es die frühchristlichen Heiligen Irlands auf die Berge gezogen – je unwirtlicher die Gipfel, desto größer scheint deren Anziehungskraft gewesen zu sein. Auch der Slieve League bildet darin keine Ausnahme. Anfang des 6. Jh. ließ sich Aodh Mhac Briaena (Hugh MacBrick) als Einsiedler auf dem östlichen Nachbargipfel nieder und erbaute sich eine kleine Klause. Nur noch ein Haufen Gesteinsschutt, der von dem ursprünglichen Gebäude nichts mehr erkennen läßt, und eine eingestürzte *beehive hut* zeugen von der frühchristlichen Eremitage.

Weiter unten am Hang (in Richtung Lough Agh) steht ein Menhir mit eingraviertem Kreuz. Hier wie anderswo in Irland wurde ein heiliger Ort der Kelten ganz zwanglos christianisiert. Im Umkreis des Menhirs entspringen mehrere heilige Quellen. Am Rande des Bergrückens stehen außerdem rund 26 *cairns,* die möglicherweise als Büßerstationen dienten. Von 1829, dem Ende der Unterdrückung des Katholizismus in Irland, bis 1909 war die Klause des Aodh Mhac Briaena das Ziel einer jährlichen Wallfahrt. Zu diesem Zwecke wurde auch der Pilgerweg erbaut, der von Teelin zum Gipfel ansteigt.

Auf den Spuren des hl. Columba

Durch das grüne Tal von Glencolumbkille

Abgeschieden, von düsterem Moorland umschlossen und zur Seeseite von wilden Klippen begrenzt, liegt Glencolumbkille im Westen der Grafschaft Donegal. Zeugnisse aus allen Epochen der bewegten Vergangenheit säumen den Wanderweg.

DIE WANDERUNG IN KÜRZE

+ Anspruch

3 Std. Gehzeit

9 km Länge

Charakter: einfach; bei tiefhängenden Wolken können die Anhöhen in Nebel gehüllt sein, dann ist von dem weglosen Abschnitt über den Beefan and Garveross Mountain abzuraten

Wanderkarte: OS Discovery Series, Blatt 10

Einkehrmöglichkeiten: in Glencolumbkille

Anfahrt: Glencolumbkille liegt am Westzipfel der Grafschaft Donegal; über die R263 zur Ortseinfahrt, dort geradeaus der Ausschilderung ›Ard an Rata‹ folgen, auf der Gannew Bridge den Murlin River überqueren und kurz danach links in eine Querstraße bis zum Parkplatz an der Church of Ireland

Glencolumbkille *(Gleann Cholm Cille* – St. Columbas Tal) scheint auf den ersten Blick nicht gerade der Ort zu sein, der Menschen einst angezogen haben dürfte. Und doch: Zahlreiche Grabhügel und Menhire belegen, daß der entlegene Küstenabschnitt schon zur Steinzeit besiedelt war. Auf Schritt und Tritt begegnen uns steinerne Zeugen aus grauer Vorzeit. Auch der heilige Columba hat in diesem abgeschiedenen Winkel seine Spuren hinterlassen. Die Engländer blieben ebenfalls nicht untätig: Ein alter Turm an der schroffen Felsküste wacht bis heute vergebens auf die napoleonische Flotte, die niemals kam.

Ausgangspunkt der Wanderung ist die einsame **Church of Ireland.** Der freistehende Bau aus dem Jahre 1828 ist von einem kleinen Friedhof mit bemoosten Gräbern umgeben. Vor dem Kirchturm öffnet sich ein kleiner, aus Steinen erbauter Hohlraum im Boden. Er ist vorchristlichen Ursprungs und gehörte möglicherweise einst zu einem keltischen Ring-Fort, das an der Stelle des heutigen Gotteshauses gestanden haben mag. Wir gehen die Straße in Richtung Küste. Nach etwa 50 m erhebt sich rechts der Straße auf einem kleinen Felsbuckel ein mannshoher Menhir, der mit kreuzförmigen Ornamenten verziert ist. Wir laufen die Straße weiter und halten uns bald an einer Straßengabelung rechts. Zur Linken erstrecken sich Dünen; vor uns öffnet sich die sandige Glen Bay. Eine **Brücke** (15 Min.) führt uns über den verschlickten Garveross River *(Garbh-ros* – Schroffe Landspitze), der in die Meeresbucht einmündet.

Unter diesen Steinhaufen (cairns) *verbergen sich alte Grabhügel*

Kurz danach nehmen wir die erste Rechtsabzweigung und folgen diesem asphaltierten Feldweg durch die Niederung. Zur Linken sehen wir einen Steinhaufen im Feld, den sogenannten **Place of the Knees.** Es ist eine der 15 Wallfahrtsstationen, die alljährlich am 9. Juni, dem Todestag des heiligen Colmcille (522–597), von den Pilgern um Mitternacht barfüßig abgeschritten werden. Der frühchristliche Missionar, auch unter dem latinisierten Namen Columba (Taube) bekannt, wird in Glencolumbkille besonders verehrt, soll er doch ein Kloster in dem abgeschiedenen Tal gegründet und alle bösen Geister, die ständig für Nebel sorgten, vertrieben haben. Die Wallfahrtsstationen sind Grabhügel *(cairns)* aus grauer Vorzeit, bekrönt von Menhiren, die erst nachträglich umgewidmet und christianisiert wurden.

Wir passieren ein Gehöft und gehen geradeaus auf dem Feldweg den Hang hinauf. Nach einer Rechtsbiegung erblicken wir auf dem rechten Hügel einen **Menhir** und die spärlichen Mauerreste eines Kirchleins mit Namen Colmcille's Chapel. Eine Steinplatte in der nordöstlichen Ecke wird von den Gläubigen als Colmcille's Bed verehrt. Hier soll der asketische Heilige während seiner Pilgerreise geruht haben.

Wir folgen dem Fahrweg an den Häusern vorbei und halten uns

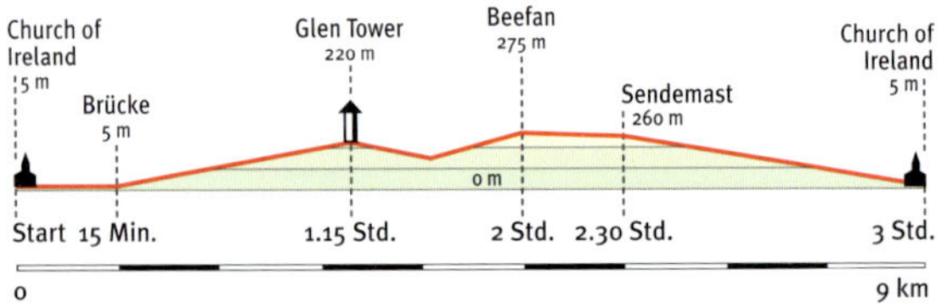

gleich danach an der Gabelung rechts. Dieser Schotterweg führt in einigen Kehren den Hang des Beefan and Garveross Mountain *(Sliabh Bhiofáin agus Gharbhrois)* hinauf. Rückblickend bietet sich eine wunderschöne Sicht auf das grüne Tal von Glencolumbkille, das sich an der Glen Bay zum Meer hin öffnet; verstreut stehen die weißen Häuschen in der Niederung. Links unter uns liegt die zerklüftete, von schroffen Klippen eingerahmte Skelpoonagh Bay. Nach den Kehren führt der Weg geradeaus in ein kleines Tal hinauf.

Sehr bald, etwa 300 m vor Erreichen des Sattels, der in ein anschließendes, zur Küste hinabführendes Tal hinüberleitet, machen wir einen kurzen Abstecher. Dazu biegen wir links auf einen Weg ab, der zu einem guterhaltenen **Wachturm** (1.15 Std) am Glen Head ansteigt. Er gehört zu der Kette von Türmen, die Anfang des 19. Jh. überall entlang der irischen Küsten zum Schutz vor der befürchteten napoleonischen Invasion erbaut wurden. Wir laufen noch wenige Schritte bis zum Zaun am Klippenrand weiter, wo die Felsen rund 200 m zum Meer hin abfallen.

Wir kehren zum Hauptweg zurück und wandern weiter bis zum Sattel empor. Der Weg verschlechtert sich hier und schwenkt nach rechts. Mehr oder weniger weglos gehen wir nun direkt den morastigen Hang empor. Unser Ziel, der flache Doppelgipfel des Beefan and Garveross Mountain, ist weit und breit die höchste Erhebung, so daß wir ihn nicht verfehlen können. Der englische Komponist Sir Arnold Bax (1883–1953), der sich über einen Zeitraum von 30 Jahren häufig in Glencolumbkille aufhielt und hier viele seiner Werke verfaßte, beschrieb den Gipfel als »funkelndes vielfarbiges Antlitz aus Fels, Farn und Heide«. Sobald wir den westlichen Gipfel, den 275 m hohen **Beefan** (2 Std.) erklommen haben, wandern wir nach Osten über den Garveross zu dem bereits sichtbaren **Sendemast** (2.30 Std.).

Hier gelangen wir auf einen Schotterweg, dem wir nach rechts in das Tal von Glencolumbkille hinab folgen. Weiter unten am Hang durchschreiten wir ein Eisengittertor und marschieren geradeaus auf dem Asphaltsträßchen weiter. Bald gehen wir geradeaus über eine Kreuzung hinweg weiter bergab. In der Talniederung erblicken wir rechts, direkt vor einer Fichtenschonung, einen christianisierten, mit einem Kreuz versehenen Menhir. Das Sträßchen führt nun leicht hangaufwärts und mündet auf eine Querstraße ein, die uns nach rechts zur **Church of Ireland** (3 Std.) zurückführt.

Der Damm des Riesen

Entlang dem Giant's Causeway zum Dunseverick Castle

Entlang der Nordküste von Antrim erstrecken sich faszinierende Felsformationen, die als Weltnaturerbe unter dem Schutz der UNESCO stehen. Der Höhenweg am Giant's Causeway eröffnet spektakuläre Ausblicke auf schroffe Felswände und einsame Buchten.

DIE WANDERUNG IN KÜRZE

+ Anspruch

2.30 Std. Gehzeit

8 km Länge

Charakter: einfach; bequemer Höhenweg

Wanderkarte: OS Discovery Series, Blatt 5

Einkehrmöglichkeiten: Cafeteria im Visitor Centre

Anfahrt: zum Parkplatz (teuer) und Besucherzentrum am Giant's Causeway; zurück von Dunseverick Castle mit dem Bus Nr. 172 bis zum Giant's Causeway, aktuelle Fahrzeiten im Besucherzentrum erfragen!

Öffnungszeiten: Visitor Centre Juli/Aug. tägl. 10–19, Sept.–Juni 10.30–17.30 Uhr.

Achtung: Auf alten Karten ist noch der untere Klippenpfad verzeichnet. Wegen Rutschgefahr und aus konservatorischen Gründen ist diese Route jedoch östlich der ›Orgel‹ gesperrt.

Der legendäre Recke Finn MacCool soll den ›Damm des Riesen‹ einst von Irland bis nach Schottland erbaut haben, um dort gegen seinen Widersacher zu kämpfen. Die Reste des Steindamms, der an der Küste von Antrim ins Meer fällt und auf schottischer Seite wieder auftaucht, sind bis heute zu sehen.

Wir gehen durch das **Besucherzentrum** oder, falls es geschlossen ist, außen um das Gebäude herum. Dahinter führt eine Asphaltstraße, die tagsüber von einem Pendelbus befahren wird, zur Küste hinab. Wir jedoch wenden uns rechts auf den ansteigenden Schotterweg und wandern hangaufwärts. Bald bietet sich von einem kühnen Klippenvorsprung ein großartiger Blick wie aus der Vogelperspektive. Tief unten liegt die Meeresbucht Port Ganny (sandiger Hafen) mit der felsigen Landspitze Great Stookan. Auf der

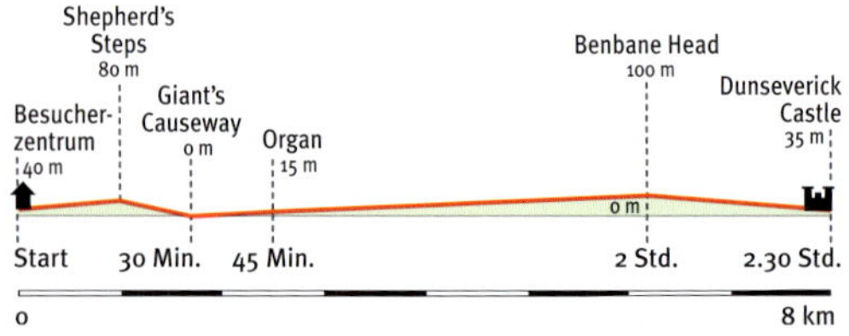

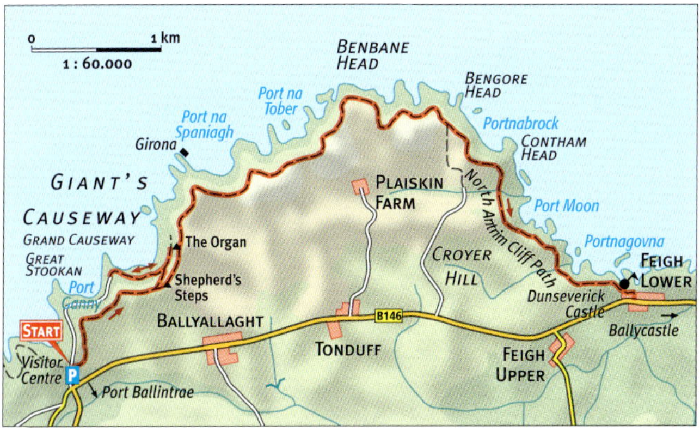

rechten Seite der Bucht, wo die Straße endet, ragt der Giant's Causeway als ›gepflasterte‹ Landzunge ins Meer. 40 000 Basaltsäulen bilden ein bienenwabenförmiges Muster von faszinierender Regelmäßigkeit.

Wir wandern auf dem Höhenweg am Klippenrand weiter bis zur beschilderten Linksabzweigung zu den Shepherd's Steps und zum Organ. Hier wenden wir uns nach links und steigen die 162 Stufen der ›Schäfertreppe‹ hinab. Unten erreichen wir eine Wegverzweigung, an der wir nach links abbiegen. Der Küstenweg führt an einem großen Felsbrocken vorbei, in dem man den Giant's Boot (Stiefel des Riesen) zu erkennen glaubt, um die Meeresbucht Port Noffer. Durch das Giant's Gate (Tor des Riesen), einen künstlichen Durchbruch in den Basaltsäulen, erreichen wir die Straße vom Besucherzentrum. Rechts erstreckt sich die breite Basaltzunge des **Grand Causeway** (30 Min.), die größte Felsformation des Giant's Causeway, ins Meer.

Wir kehren durch das Giant's Gate zu der Wegverzweigung zurück und laufen zunächst noch ein Stückchen geradeaus weiter, um einen Abstecher zum **Organ** (45 Min.) zu machen. Die ›Orgelpfeifen‹ besteht aus senkrechten Basaltsäulen, die an der Felswand zutage treten. Nun gehen wir zur Wegverzweigung zurück und steigen links die Shepherd's Steps hinauf. Auf dem Klippenrand folgen wir dem Höhenweg nach links.

Gemächlich wandern wir nun nahe der Abbruchkante entlang der Steilküste. Grandios die Abfolge von Buchten, die sich vom Great Stookan bis zum Head erstreckt. Bald blicken wir auf den Lacada Point hinab, eine schmale Landspitze, an der im September 1588 die ›Girona‹ zerschellte. Sie gehörte zu der Spanischen Armada, die vor den Küsten Irlands mit Mann und Maus unterging. Das Schiff lag bis 1968 unentdeckt auf Grund. Ein Teil der reichen, durch Taucher geborgenen Schätze ist heute im Ulster Museum in Belfast ausgestellt.

Der Höhenweg schlängelt sich in leichtem Auf und Ab am Klippenrand entlang. Zur Rechten erstrecken sich sanftgewellte Viehweiden, auf denen Kühe gemächlich grasen. Immer wieder öffnen sich neue Ausblicke auf die wahrhaft atemberaubende Steilküste, die fast lotrecht zum Meer abbricht; kreischend stürzen

Die Basaltsäulen am Giant's Causeway

sich Möwen in die Tiefe. Felsige Vorgebirge trennen abgeschiedene Buchten, in denen die Wellen an den kiesigen Stränden lecken. Deutlich treten unterschiedliche Gesteinsschichten an den Felswänden hervor: Reihen aus regelmäßigen Basaltsäulen, die anthrazitschwarz schimmern, wechseln mit roten Lateritbändern. Unsere Wanderroute ist inzwischen kaum noch begangen, und so genießen wir diese grandiose Landschaft fast für uns allein. Der grasbewachsene, von Zäunen gesäumte Weg führt allmählich um den **Benbane Head** (2 Std.) herum, die nördlichste Landspitze an der Küste von Antrim.

Bei klarer Sicht schweift der Blick über den North Channel bis nach Schottland. Im Osten sind das Sheep Island, das große Rathlin Island und der Mull of Kintyre auf dem schottischen Festland zu sehen. Weiter im Norden liegen die schottischen Inseln Islay und Jura; ganz im Westen schließt sich die Halbinsel Inishowen der Grafschaft Donegal an.

Wir passieren den Bengore Head (Landspitze der Ziegen) und blicken danach in die weite Bucht von Portnabrock hinab. Und wieder schiebt sich ein gewaltiges Vorgebirge ins Meer, der Contham Head. Tief unten öffnet sich der Port Moon mit seiner Lachsfischerei. Mit herrlichen Ausblicken auf die wild zerklüftete Bucht Portnagovna führt der Höhenweg allmählich hangabwärts, um gegenüber der Ruine von **Dunseverick Castle** (2.30 Std.) auf die Hauptstraße B146 einzumünden.

Der Name der Burg bedeutet wörtlich ›Dun (Fort) des Sobhairce‹ und verweist auf eine königliche Festung, die wohl schon um Christi Geburt bestand. Ab dem 5. Jh. wurde von hier aus das Königreich Dalriada regiert, das sich von Antrim bis Schottland erstreckte. Die Festung wurde 871 von den Wikingern eingenommen und 926 von ihnen zerstört. Die heutige Ruine besteht aus einem Wohnturm aus dem 16. Jh. Am Straßenrand liegt die Bushaltestelle für die Rückfahrt zum Besucherzentrum.

Die berühmten Glens of Antrim

Durch den Glenariff Forest Park

Das liebliche Glenariff ist eines von neun Tälern der Glens of Antrim. In einem Forstpark wurden Wanderwege angelegt, Holzbrückchen überspannen wildromantische Sturzbäche, und Sitzbänke laden müde Wanderer zur Rast ein; die herrliche Aussicht gibt's gratis dazu.

DIE WANDERUNG IN KÜRZE

+ Anspruch

2.45 Std. Gehzeit

8 km Länge

Charakter: einfach; die Wanderung verläuft stets auf guten Wegen und folgt dem rot markierten *scenic trail*

Wanderkarte: OS Discovery Series, Blatt 9

Einkehrmöglichkeiten: Glenariff Tea House am Parkplatz

Anfahrt: von Waterfoot (auch Glenariff) 7 km/4,5 mi auf der A43 landeinwärts; an der beschilderten Linksabzweigung zum gebührenpflichtigen Parkplatz im Glenariff Forest Park

An der Informationstafel am **Parkplatz** beginnt unsere Wanderung; wir folgen dem rot markierten Fußweg nach links. Sogleich kommt eine Gabelung, an der wir uns links halten. Der Weg verläuft geradlinig im Wald bis zu einer Verzweigung, an der wir einen kurzen Abstecher nach rechts in die üppiggrüne, mit wuchernder Vegetation erfüllte Talschlucht machen.

Ein Holzsteg führt über den **Glenariff** (15 Min.), der durch Felsenbecken zu Tal rauscht. Fruchtbare Lehmböden lassen in den Tälern eine vielfältige Pflanzenwelt gedeihen. Am Glenariff und am Inver finden sich schöne Restbestände alter Laubmischwälder, die überwiegend aus Eichen und Buchen bestehen. In den geschützten Talschluchten begünstigt ein feuchtwarmes Mikroklima das Wachstum großer Farne und zahlreicher Moosarten, und auch das blaublühende Leberblümchen ist hier anzutreffen.

Wir kehren zu der Verzweigung zurück und wandern geradeaus weiter. Sogleich überqueren wir die Zu- und Ausfahrt des Forstparks und folgen dem markierten Weg durch den Wald hinauf. Nach kurzer Zeit schweift der Blick über das waldige Tal. Die Torfböden an den Hängen sind sehr nährstoffarm, und dennoch gedeihen hier erstaunlich vielfältige Baumarten. Neben der verbreiteten Sitkafichte, einem nordamerikanischen Nadelholz, wachsen Douglasien, Japanische Lärchen, Lodgepole-Kiefern und Gemeine Fichten. Zur heimischen Vegetation gehören Ahornbäume, Ebereschen und Erlen.

Gemächlich wandern wir am Hang entlang und genießen die schöne Aussicht. Wir erreichen einen Querweg und wenden uns nach rechts; nach wenigen Schritten biegen wir an der Drei-Wege-Gabelung nach links ab und marschieren taleinwärts weiter. An der nächsten Gabelung halten wir uns rechts. Am Talende führen uns mehrere Stege über den **Inver River** (1 Std.) und seine Zuflüsse. Im Flußbett treten Lavafelsen zutage, die auf dieselben vulkanischen Eruptionen zurückgehen, die auch die Basaltsäulen am Giant's Causeway entstehen ließen.

Unser Weg führt in einigen Kehren in den Wald hinauf und verläuft dann geradlinig am Hang. Über das grüne Glenarifftal schweift der Blick bis zum Meer. In steilen Serpentinen führt der Weg schließlich bergab, bevor er sich verflacht und geradlinig durch eine Waldlichtung verläuft. Wir erreichen eine Verzweigung, an der wir scharf nach rechts abbiegen. Bald geht es in Kehren in ein wildromantisches Tal mit farnbestandenen Hängen und bemoosten Felsbrocken hinab, durch das der Inver River rauscht. Unverkennbar ist der knoblauchähnliche Geruch von frischem Bärlauch, der den Waldboden bedeckt.

Wir erreichen eine **Brücke** (2 Std.), die uns nach links über den Inver River führt. Direkt dahinter biegen wir an der Weggabelung nach links ab

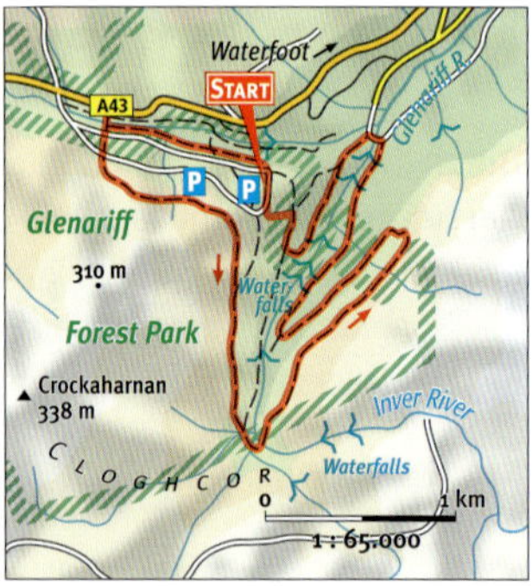

und wandern am steilen Talhang allmählich bergauf. In einer scharfen Linksbiegung gehen wir an dem rechts abzweigenden Nebenweg vorbei. An der nächsten Wegverzweigung wenden wir uns nach rechts und passieren eine Schutzhütte. Danach gelangen wir auf einen asphaltierten Weg und folgen ihm nach links bergauf. Am Glenariff Tea House vorbei, das eine willkommene Einkehrmöglichkeit bietet, spazieren wir zum **Parkplatz** (2.45 Std.) zurück.

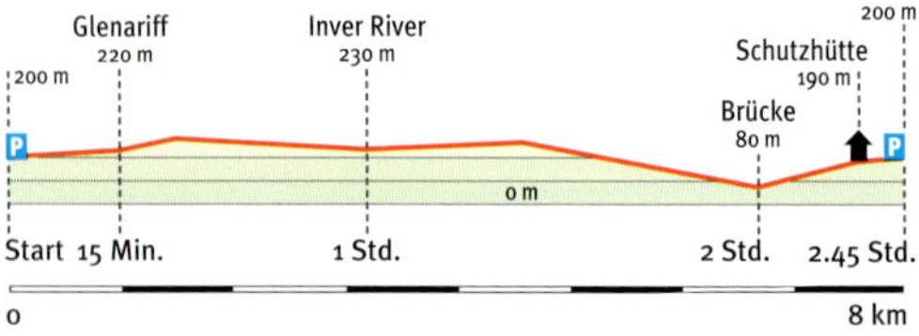

Förster aus Leidenschaft

Durch den Tollymore Forest Park

Am Fuße der Mourne Mountains liegt ein herrliches Waldgebiet. Ein Flüßchen stürzt ungestüm im üppiggrünen, von Rhododendren umwucherten Tal herab. Von der Höhe bieten sich großartige Ausblicke auf das wilde Bergland und die Küstenlandschaft.

DIE WANDERUNG IN KÜRZE

+ Anspruch

4 Std. Gehzeit

13 km Länge

Charakter: einfach; die Wanderung folgt größtenteils dem rot markierten Long Haul Trail und verläuft auf guten Waldwegen

Wanderkarte: OS Discovery Series, Blatt 29

Einkehrmöglichkeiten: Tea House im Forstpark

Anfahrt: von Newcastle 2,5 km/1,5 mi auf der B180 bis zum Barbican Gate, der einzigen Zufahrt zum Forstpark; durch die Cedar Avenue mit ihren prächtigen Himalaya-Zedern gelangt man zum Informations- und Kassenhäuschen und fährt dann zum linken (unteren) Parkplatz

Öffnungszeiten: tägl. 10 Uhr bis Sonnenuntergang

Am **Parkplatz** mit der Informationstafel beginnt unsere Wanderung auf dem Weg, der nach rechts führt und mit einem roten Pfeil markiert ist. Wir überqueren sogleich einen Holzsteg und folgen dem Weg nach links zu einem Querweg hinab. Nun wenden wir uns nach rechts und wandern am waldigen Hang entlang. Es geht durch ein forstwirtschaftliches Versuchsgelände, in dem rund 100 verschiedene Baumarten auf jeweils 0,1 ha Fläche eingesetzt wurden. Besonders bemerkenswert ist der Eukalyptushain zur Linken, der 1962 angepflanzt wurde.

Bald biegen wir am markierten Abzweig nach links und wandern geradlinig durch das Tal des Shimna River. Links zweigt ein Weg ab, der auf einem Holzsteg (Rustic Bridge) das Flüßchen überquert, wir jedoch bleiben auf dem geradeaus verlaufenden Hangweg. Wir stoßen auf einen Querweg und folgen ihm nach links im Bogen zur **Parnell's Bridge** (45 Min.) hinab. Vor der Brücke biegen wir nach rechts und wandern am Flüßchen entlang. Auf einem Holzsteg, der sogenannten Boundary Bridge am Rande des Forstparks, überqueren wir den Shimna River (Binsen- oder Schilfrohrfluß) nach links. Der naturnahe, von üppigem Uferbewuchs eingerahmte Flußlauf ist ein Refugium für zahlreiche Tiere, darunter Wasseramseln und Eisvögel; auch Otter tummeln sich hier.

Wir erreichen eine Wegkreuzung, an der es später auf dem mittleren Weg weitergeht; zunächst jedoch machen wir einen kurzen Abstecher nach rechts und überqueren Maria's Bridge, die nach der Frau des dritten Earl of Roden benannt ist. Wir folgen dem Weg etwa 400 m, bis wir links das **King's Grave** (1 Std.) erblicken. Der runde Grabhügel mißt ca. zwanzig Meter im Durchmesser und ist gut drei Meter hoch. Er stammt aus der frühen Bronzezeit (1500–1000 v. Chr.) und enthält eine zentrale Grabkammer, in der Erdbestattungen vorgenommen wurden.

Über Maria's Bridge kehren wir zur Kreuzung zurück, biegen nach rechts und wandern bergan. Wir stoßen auf einen Querweg und gehen links auf gleichbleibender Höhe weiter. An einer Wegkreuzung biegen wir nach links und laufen nun bergab. Nach knapp 300 m kommt rechts das **White Fort** (1.30 Std.), ein außergewöhnlich großes Ring-Fort mit gut erhaltener Außenmauer. Wie viele andere Bauwerke seiner Art entstand es im frühen Mittelalter. Der Name ist freilich irreführend, denn Ring-Forts waren keine militärischen Festungen, sondern wehrhafte Gehöfte. Die kreisförmige Außenmauer (bei manchen Anlagen gab es nur einen Erdwall) hatte weniger strategischen Nutzen, sondern diente der Abwehr von Wölfen oder Räubern. Im Innern eines Ring-Forts stand einst ein Wohnhaus mit den entsprechenden Wirtschaftsgebäuden.

Wir gehen den Weg weiter bergab, bis wir auf einen Querweg stoßen. Nun wenden wir uns nach rechts und wandern die nächste Zeit geradlinig am waldigen Hang entlang. Wir gehen geradeaus über eine Kreuzung hinweg und überqueren kurz danach auf der alten **Hore's Bridge** (1.45 Std.) den Spinkwee River (Fluß der gelben Klippe). Hinter der Brücke kommt eine Weggabelung, an der wir uns rechts halten.

An einer **Kreuzung** biegen wir scharf nach rechts ab und wandern nun bergauf. Der Weg führt zur Außenmauer des Forstparks empor. Dahinter erstreckt sich das baumlose Bergland der Mourne Mountains. Links erhebt sich ein waldiger Doppelgipfel namens The Drinns (Die Bergrücken). Wir stoßen auf einen Querweg und laufen rechts weiter. Eine Linksabzweigung mit der Beschilderung ›To the mountaintop‹ lassen wir unbeachtet. Der Weg schwenkt allmählich im großen Bogen nach links um die Anhöhe Curraghard (Hochmoor). Sobald es bergab geht, bietet sich eine herrliche Aussicht. Weit schweift der Blick nach Süden über liebliches Hügelland mit Wiesen, Hecken und verstreuten Häusern. Im Osten erstreckt sich die Küste bei Newcastle.

Es geht an einer scharfen Rechtsabzweigung vorbei. Bald taucht unser Weg wieder in den dichten Wald ein. An einer Gabelung wandern wir rechts weiter. Wir passieren einen alten Köhlerplatz, dessen Stützmauer auf der rechten Seite deutlich erkennbar ist. An einer **Schutzhütte**

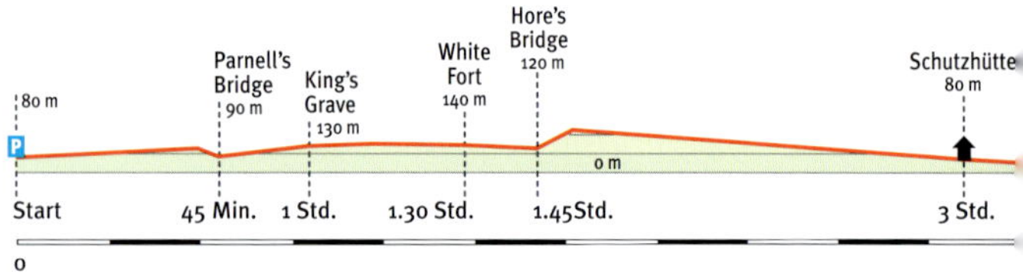

(3 Std.) biegen wir scharf nach rechts ab. Bald kommt eine Gabelung, an der wir uns rechts halten. Wir wandern die nächste Zeit auf gleichbleibender Höhe und dann allmählich bergab. Sobald sich der Weg erneut teilt, wenden wir uns nach links bergab und passieren sogleich einen besonders stattlichen Eukalyptusbaum.

Wir stoßen auf einen Querweg und wandern rechts am Shimna River entlang. Dann gehen wir links über die alte, von Türmchen flankierte **Ivy Bridge** (3.30 Std.) aus dem Jahre 1780. Die Initiale C mit der Krone symbolisiert die Grafschaft von Clanbrassil. Hinter der Brücke biegen wir links auf den Uferweg ab. Wir wandern nun durch üppigen Auenwald am Flüßchen entlang, das im felsigen Bett über Gumpen herabstürzt. Der Weg wurde 1868 angelegt; so manche stattliche Eibe wurde zu jener Zeit gepflanzt.

Wir gehen an der Foley's Bridge vorbei, die links über den Shimna River führt. James Hamilton, der zweite Earl of Clanbrassil, ließ die Brücke zu Ehren seiner Frau Grace im Jahr 1787 erbauen. Wildromantisch ist der Flußlauf in die Felsen eingeschnitten, üppig wuchert wilder Rhododendron. Am Wegesrand steht ein mächtiger Felsbrocken, ein eiszeitlicher Findling, in den ein religiöser Vers eingraviert ist: »Stop, look around and praise the name of Him who made it all«. Der dritte Earl of Roden (1788–1870), ein überaus naturverbundener und gottesfürchtiger Mann, ließ diese Inschrift anbringen.

Bald erreichen wir die **Old Bridge.** Wie der Name vermuten läßt, handelt es sich um die erste Brücke, die im Anwesen Tollymore errichtet wurde. Sie wurde 1726 von James Hamilton erbaut, dessen Initialen mit Jahreszahl auf der westlichen Brüstung zu erkennen sind. An der Ver-

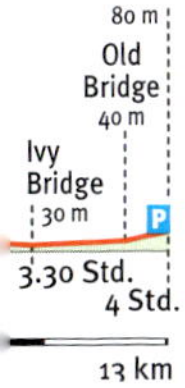

Im Tollymore Forest Park

zweigung bei der Old Bridge nehmen wir den zweiten Weg nach rechts und kehren über die Wiese zum **Parkplatz** (4 Std.) zurück.

Tollymore

Ende des 17. Jh. gelangte das Anwesen Tollymore (Große Anhöhe) in den Besitz der Hamiltons. Die protestantische Pfarrersfamilie stammte aus England, war dem Ruf der Krone zur Ulster Colonisation gefolgt und sollte bald zu den bedeutendsten Großgrundbesitzern Nordirlands gehören. James Hamilton, der erste Earl of Clanbrassil, war ein begeisterter Pflanzenliebhaber. Er ließ ein Arboretum mit exotischen Bäumen und Sträuchern anlegen, begann mit umfangreichen Aufforstungen und pflanzte innerhalb von fast 15 Jahren pro Jahr 30 000–60 000 Setzlinge. Lärchen gediehen in der Gegend besonders gut, so daß 1828 eine Sägemühle zur Verarbeitung des Holzes erbaut wurde.

Die florierende Holzproduktion brachte Tollymore reiche Erträge und war dessen wirtschaftliche Grundlage, doch während des Ersten Weltkriegs wurde durch Kahlschlag und fehlende Aufforstung Raubbau am reichen Erbe betrieben. 1940 wurden aus Angst vor einer deutschen Invasion zahlreiche Bäume gefällt und Holzpfosten in dichtem Abstand an den Küsten Nordirlands in den Sand getrieben, um als Panzersperren zu dienen. Seit 1941 befindet sich Tollymore in staatlichem Besitz. Es wird bis heute forstwirtschaftlich genutzt, ist jedoch zugleich als Forstpark ausgewiesen, der mit einer Fülle botanischer Kostbarkeiten aufwartet.

Tollymore fand schon im 18. Jh.in zeitgenössischen Reiseführern lobende Erwähnung. In einer Anzeige im Belfast ›News-Letter‹ war 1785 zu lesen, daß die Luft bemerkenswert bekömmlich sei und die Weiden, auf denen die Ziegen grasen, zahlreiche Damen und Herren zur Wiederherstellung ihrer angeschlagenen Gesundheit anziehen würden.

Brandy auf dem Schmugglerpfad

Von der Bloody Bridge in die Mourne Mountains

Quer durch die wilden Mourne Mountains zieht sich der Brandy Pad. Im 18. Jh. waren hier zwielichtige Gestalten unterwegs, die Schwarzhandel betrieben; heute ist der Pfad ganz den Wanderern vorbehalten.

DIE WANDERUNG IN KÜRZE

++ Anspruch

4 Std. Gehzeit

11 km Länge

Charakter: mittelschwer; die Wanderung folgt teils einem guten Weg, teils einem Pfad durch sumpfiges Gelände

Wanderkarte: OS Discovery Series, Blatt 29

Einkehrmöglichkeiten: keine

Anfahrt: von Newcastle auf der Küstenstraße A2 5,0 km/3,1 mi bis zum Parkplatz auf der linken Straßenseite; hier steht auch ein WC-Häuschen

Vom **Parkplatz** gehen wir die Straße 20 m nach Süden bis zur Tafel ›Bloody Bridge; The National Trust‹. Auf der rechten Straßenseite befindet sich ein Eisengittertor, links daneben ein Holzgatter. Wir durchschreiten es und folgen dem Fußweg ins Tal. Links spannt sich die Bloody Bridge über den gleichnamigen Fluß. Der Name läßt Unheilvolles ahnen, und tatsächlich spielte sich an dieser Brücke 1641 ein Massaker an Gefangenen ab, die von Newry nach Newcastle eskortiert wurden. In jenem unruhigen Jahr kam es zum bewaffneten Aufstand der unterdrückten Katholiken in Ulster gegen die protestantischen Siedler, der schließlich den englischen Bürgerkrieg auslösen sollte.

Teils steingepflastert steigt der Fußweg im Tal an. Links stürzt der Bloody Bridge River im felsigen Flußbett herab. Wie die meisten Flüsse der Mourne Mountains schwillt er nach starken Regenfällen zum reißenden Sturzbach an; bei Trokkenheit schrumpft er zum Rinnsal. Ein Holzsteg führt uns über einen seitlichen Zufluß, den **Glen Fofanny River** (30 Min.). Kurz darauf überqueren wir einen Zauntritt; links sind zwei Druckröhren einer Wasserleitung zu sehen. Der Weg verengt sich zum schmalen Pfad, der sich schließlich zu verlaufen scheint, doch unbeirrt wandern wir auf der rechten Talseite weiter bergauf.

Wir passieren eine felsige Verengung des Flußbetts und gehen noch etwa 80 m auf unserer Talseite weiter, bis wir den **Bloody Bridge River** (45 Min.) an einer seichten Stelle durchqueren. Bei niedrigem Was-

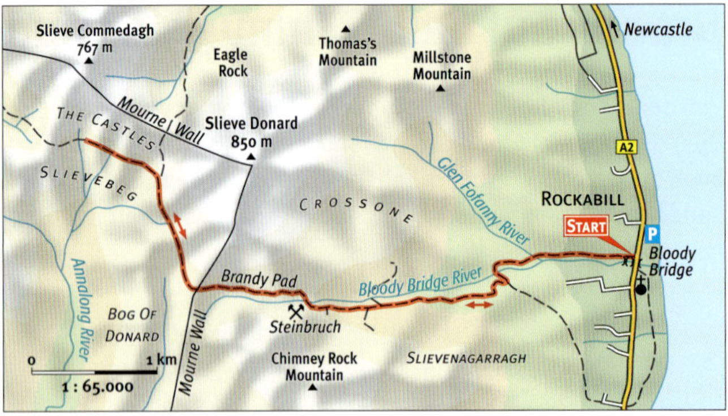

serstand gelingt uns dies trockenen Fußes; einige Steinbrocken dienen notfalls als Trittsteine. Auf der anderen Talseite folgen wir einem Schotterweg nach links empor. Der Weg führt nach kurzem Anstieg durch einen **Pferch.** Dahinter biegen wir scharf rechts auf einen breiteren Weg ab, der stellenweise noch Reste seines ursprünglichen Steinpflasters zeigt. Auf diesem Weg, der zunächst eine Doppelkehre beschreibt, wandern wir nun stetig bergauf. Der Blick schweift über das baumlose, mit niedriger Heide und Moos bedeckte Tal.

Weiter oben am Hang führt der Hauptweg, nun zweispurig steingepflastert, in einen großen **Steinbruch** (1.45 Std.), der ringsum von schroffen Felswänden umschlossen ist. Im Hintergrund stürzt der Bloody Bridge River über Klippen herab. Seit dem 19. Jh. wurde in diesem wie in vielen anderen Steinbrüchen der Mourne Mountains hochwertiger Granit gebrochen, der seinen Weg bis nach England fand. Wir wenden uns nach rechts, steigen zum oberen Rand des Steinbruchs empor und gehen daran entlang, bis wir uns wieder dem Bachlauf nähern. Rückblickend bietet sich über den Steinbruch hinweg eine schöne Sicht in das offene Tal. Rechter Hand, an den Hängen des Chimney Rock Mountain, ist der Verlauf einer alten Eisenbahntrasse zu erkennen, die am Steinbruch Carr's Face endet.

Wir folgen den Wegspuren im Tal weiter bergauf. Im 18. Jh. wurde der sogenannte Brandy Pad von Schmugglern begangen, die neben Branntwein auch Tabak, Tee und Sei-

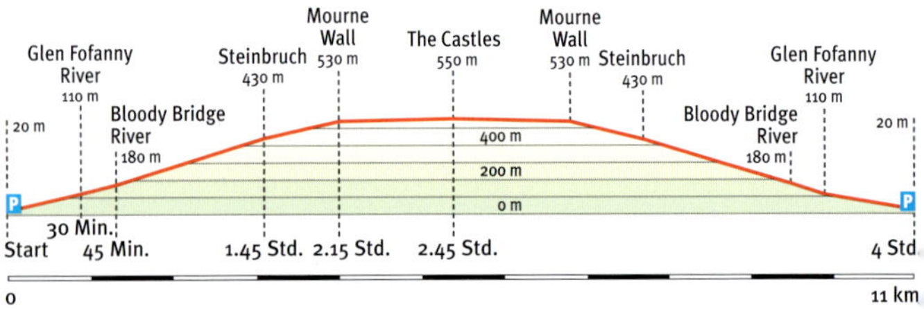

Auf der Brücke über den Bloody River

de verschoben. Bei Nacht und Nebel wurde die Ware, von der Isle of Man kommend, an der Küste angelandet und über die Mourne Mountains nach Hilltown verschafft.

Nach einem Anstieg über eine versumpfte Hangpartie nähern wir uns der **Mourne Wall** (2.15 Std.), die quer vor uns verläuft. Sie wurde Anfang dieses Jahrhunderts als Begrenzungsmauer des großen Wassereinzugsgebietes jener beiden Stauseen erbaut, die inmitten der Mourne Mountains liegen. Diese Stauseen, das Silent Valley Reservoir und das Ben Crom Reservoir, dienen der Wasserversorgung von Belfast. Die rund zwei Meter hohe, sorgsam aus behauenen Granitsteinen erbaute Trockenmauer zieht sich hufeisenförmig über die höchsten Gipfel, die sich um die zentralen Täler gruppieren. Die Funktion der Mauer mag auf den ersten Blick rätselhaft erscheinen, da sie ja nicht als Staudamm fungiert. Ihr Hauptzweck ist es, Weidetiere von einem Eindringen in das Wasserschutzgebiet abzuhalten.

Auf Trittsteinen überqueren wir die Mourne Wall und wandern dahinter noch etwa 25 Minuten auf dem Brandy Pad weiter. Der Pfad steigt zunächst leicht an und verläuft dann am Hang entlang. Links erblicken wir den Bog of Donard, ein unwegsames Moor. An der Südflanke des Slieve Commedagh erreichen wir die eindrucksvollen Felszinnen **The Castles** (2.45 Std.). Wir genießen hier einen großartigen Blick auf das einsame, von hohen Bergkuppen eingerahmte Tal des Annalong River. Die Rückkehr zum **Parkplatz** (4 Std.) erfolgt auf demselben Weg.

Tour 35

Wo Recken um den Stier kämpften

Über den Black Mountain und durch den Ravensdale Forest

Im Schatten der Mourne Mountains schiebt sich die Cooley Peninsula in die Irische See vor. Kleine Siedlungen reihen sich entlang der Halbinsel, im Innern türmen sich moorbedeckte Anhöhen auf, in die kein Mensch je einen Fuß gesetzt zu haben scheint.

DIE WANDERUNG IN KÜRZE

++
Anspruch

4 Std.
Gehzeit

12 km
Länge

Charakter: mittelschwer; gute Wege und Sträßchen

Wanderkarte: OS Discovery Series, Blatt 29

Einkehrmöglichkeiten: keine

Anfahrt: der Ravensdale Forest liegt rund 15 km südlich von Newry; 8 km südlich des Grenzübergangs von der N1 der Beschilderung ›Ravensdale Park/QME Mining Equipment Ltd‹ folgen, im Tal den Flurry River überqueren und an der Querstraße (R174) nach rechts bis zum kleinen Postamt von Ravensdale (nach 1,6 km/1,0 rechts); hier parken

Vom **Postamt** im Weiler Ravensdale (Rabental) marschieren wir die Straße etwa 100 m zurück, bis wir rechts auf ein Asphaltsträßchen abbiegen und an einer alten Steinmauer entlang hinaufgehen. Bald kommt eine Straßengabelung, an der wir geradeaus weiter bergauf wandern; am Wegesrand stehen vereinzelte Häuser. In einer Rechtskurve folgen wir links einem Grasweg die Böschung hinab, überqueren sogleich auf einem Betonsteg einen Bachlauf und laufen dahinter rechts auf dem Pfad weiter. Beiderseits von Steinmauern flankiert, ist dieser alte, einst breit angelegte Weg stark zugewachsen. Allmählich geht es bergauf. Am Wegesrand leuchten kleine rosafarbene Malvenblüten.

Wir erreichen die **Cadger's Bridge** (30 Min.) und überqueren auf der alten Steinbrücke einen tief eingeschnittenen Bachlauf. Dahinter ge-

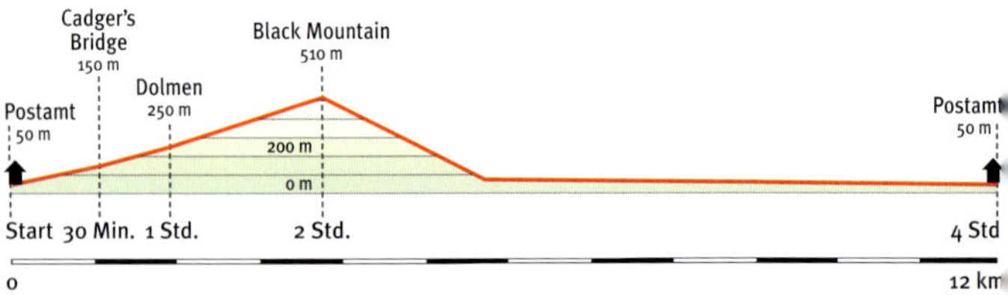

hen wir an der Steinmauer entlang den Hang hinauf. Der alte Weg tritt bald deutlicher in Erscheinung. Bis ins späte 19. Jh. wurde er von Fischhändlern begangen, die vom Hafenort Omeath kamen und mit Packeseln über die Berge zogen, um im Landesinneren Heringe zu verkaufen. *Cadger* bedeutet nichts anderes als Schnorrer, und so läßt es sich leicht vorstellen, wie es damals an der Brücke zuging, wenn die Händler hier durchzogen.

Am Ende der linken Steinmauer verläuft sich der Weg; rechts steht ein gelb angemalter Stein. In den offenen Kerbtälern, die sich nach Osten und Norden erstrecken, liegen tief eingeschnittene Bachläufe. Hier halten sich häufig Reiher auf, die mit langen Flügelschlägen über das Tal gleiten und im Wasser nach Nahrung suchen. Wir wandern nun auf einem grasbewachsenen Weg, einer um 1940 angelegten *bog road* (Torfstichweg), den mit Heide und Moos bedeckten Hang empor.

Schon aus der Ferne sehen wir die vorgeschichtlichen Steinsetzungen und einen gelb angemalten Stein, die wir bei der Einmündung in einen Schotterweg erreichen. Unterhalb des Weges zieht sich eine Steinreihe (ein keltisches Alignement) hangabwärts; oberhalb des Weges steht ein mächtiger, guterhaltener **Dolmen** (1 Std.). Diese Monumente gehören zu den zahlreichen prähistorischen Relikten auf der Cooley-Halbinsel, die von einer dichten Besiedlung während der Steinzeit zeugen. Über eine Landbrücke, die bis nach dem Ende der letzten Eiszeit den Küstenabschnitt nördlich von Dublin mit England verband, waren die ersten Menschen einst nach Irland gelangt; deshalb sind in dieser Gegend die ältesten Siedlungsspuren zu finden.

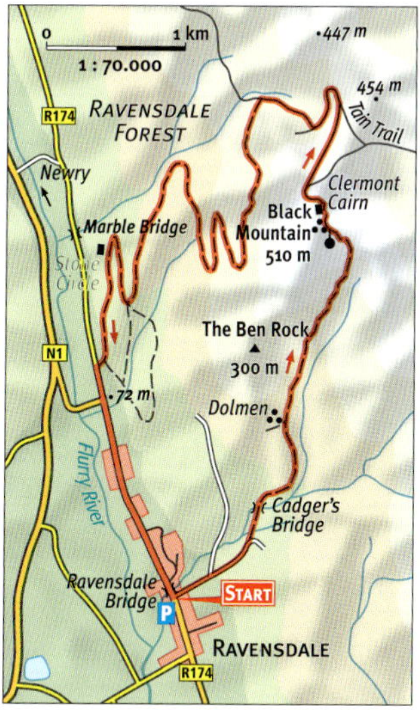

Wir folgen dem Schotterweg nach rechts. Unterhalb des Ben Rock geht es entlang der Bergflanke empor; rechts fällt der Blick über den steilen baumlosen Hang ins tiefe Tal. Nach einer Links-Rechts-Biegung setzt sich der Weg gerröllig fort. Bald öffnet sich nach Osten eine herrliche Sicht auf den Carlingford Lough mit den dahinter aufsteigenden Mourne Mountains. Auf der gegenüberliegenden Seite dieses fjordartigen Meereseinschnittes, die politisch bereits zu Nordirland gehört, liegen die Ortschaften Warrenpoint und Rostrevor. Am linken Wegesrand steht der Clermont Cairn, benannt nach Lord Clermont, dem Besitzer des Anwesens Ravensdale im 19. Jh. Der runde, heute von einem Triangulationspunkt gekrönte Grabhügel mißt ganze 21 m im Durchmesser. Verborgen in seinem Innern liegt ein großes Korridorgrab mit Kragkuppel.

Die Sendeanlage auf dem **Black Mountain** (2 Std.) versorgt die sechs Grafschaften Nordirlands mit dem

Der Dolmen bei Ravensdale ist eines von zahlreichen frühgeschichtlichen Zeugnissen in der Region

Fernsehprogramm der Republik. Wir gehen rechts um den Sender herum und auf der hier beginnenden Asphaltstraße ein kurzes Stück bergab. Etwa 50 m nach einer scharfen Rechtsbiegung verlassen wir die Straße und wandern schräg links einen Torfstichweg hinab. Weiter unten am Hang stoßen wir auf eine Asphaltstraße und gehen links weiter. Wir befinden uns auf dem offiziellen Tain Trail, dessen Wegzeichen nun der Orientierung dienen.

Der Weg ist nach dem legendären Táin Bó Cúailnge (Viehraub von Cooley) benannt. Kein geringerer als der Recke Cuchulain, genannt Hound of Ulster, stritt mit anderen mythischen Kriegern auf der Cooley-Halbinsel um einen braunen Stier. Es war eine blutige Fehde der Stammesführer, ein Ringen der Götter, ein Kampf zwischen Gut und Böse. Cuchulain vollbrachte die Heldentat und setzte sich über alle Widersacher hinweg. Stolz präsentierte er Königin Maeve den braunen Stier, doch die Geschichte nahm kein glückliches Ende: Dem Bullen gelang es, aus der Obhut zu entfliehen, doch in der wiedergewonnenen Freiheit fand er einen schnellen Tod.

Bald führt ein Fahrweg geradeaus weiter, wir jedoch folgen der Asphaltstraße um eine Rechtsbiegung. Es geht weiter bergab, bis uns ein Wegpfosten links auf einen Schotterweg weist, der nach 25 m durch ein Eisengittertor mit *kissing gate* in den **Ravensdale Forest** führt. Wir wandern zunächst durch eine Nadelholzaufforstung. Unser Weg beschreibt eine Rechtskehre. Bald danach kommt eine Gabelung, an der wir uns links halten. Der Wald wird nun urwüchsiger, Laubbäume finden sich neben den Nadelhölzern. Ein Großteil des wunderschönen Baumbestandes, darunter Douglasien, Lärchen, Sitkafichten, Eichen, Buchen, Bergahorn, Eschen und Wildkirschen, wurde im 19. Jh. gepflanzt. Ginster, Glockenblumen, Vergißmeinicht und andere Wildblumen sorgen für einen bunten Blütenteppich im Unterwuchs.

Der Weg beschreibt eine Rechtsbiegung und schließlich eine Linksbiegung. Nach weiterem Abstieg weist uns ein Wegpfosten schräg nach rechts auf einen Seitenweg. Zwei Minuten später stoßen wir auf einen Querweg, dem wir nach rechts folgen; am Wegesrand steht ein altes, von Grün umwuchertes **Cottage** (3.15 Std.). Wir wandern weiter gemächlich hangabwärts, bis wir scharf nach links abbiegen. Nach kurzer Zeit kommt rechts ein Steinkreis, der angeblich 1840 von Lord Clermont entdeckt und freigelegt wurde. Acht Steine stehen in einem Oval zusammen; ganz in der Nähe finden sich weitere Menhire. Dieser Steinkreis diente jedoch niemals steinzeitlichen Kulthandlungen, sondern ist vielmehr den romantischen Idealen des englischen Landschaftsgartens zu verdanken. Lord Clermont war es wohl höchstpersönlich, der die Anlage zur Bereicherung von Ravensdale Park in Auftrag gab.

Der Weg führt geradeaus weiter und an einem links ansteigenden Seitenweg vorbei zu einer Fahrstraße hinab. Wir wenden uns nach links und wandern mit schönem Blick ins grüne Flurrytal an der Straße entlang. Auf der gegenüberliegenden Talseite sind ein Megalithgrab und ein verfallenes Tower House zu sehen. Schließlich erreichen wir wieder das **Postamt** (4 Std.) in Ravensdale.

Liebevoll gepflegte Cottages finden sich überall in Irland

Glossar

Wer einmal in der *Gaeltacht,* der mehrheitlich gälischsprachigen Region Irlands, vor einem Wegweiser gestanden hat, kennt das Problem. Der Versuch, die Buchstabenfolgen auszusprechen oder gar zu verstehen, scheitert meist kläglich. Obwohl das Englische heute stark dominiert, ist die Grüne Insel ein zweisprachiges Land; in der Republik ist das zum Keltischen gehörende Gälisch *(an Gaeilge)* sogar erste offizielle Landessprache. Da diese Sprache über Jahrhunderte von den herrschenden Engländern unterdrückt wurde, ist heute nur etwa jeder vierte Ire noch des Gälischen mächtig. Der Anteil der Muttersprachler ist freilich weitaus geringer und trotz aller Bemühungen zur Rettung der Sprache unaufhaltsam im Rückgang begriffen.

Die irischen Orts- und Flurnamen sind allesamt anschaulich beschreibend, nur ganz wenige nicht keltischen, sondern skandinavischen oder englischen Ursprungs. Sie erzählen von den Besonderheiten der Landschaft, seien es kahle Anhöhen *(maol),* vernäßte Hänge *(leitir),* flache Bergkuppen *(céide)* oder Gebirgsketten *(sliabh).* Sie benennen die Namen örtlicher Herrscher oder berichten von Ereignissen aus grauer Vorzeit, von früheren Herrschern oder sagenhaften Gestalten. Derrynane etwa, gälisch *Doire Fhionnán,* heißt ›Finians Eichenhain‹. Häufig sind auch religiöse Bezüge, zum Beispiel bei den Wörtern, die mit *kil* oder *kill* beginnen, was zumeist gälisch *cill* (Kirche) bedeutet. Die Verkleinerungsform wird im Gälischen durch die angehängte Silbe *-ín* (anglisiert *-een)* ausgedrückt. Verstreut in ganz Irland finden sich beispielsweise über 80 Weiler mit dem Namen Kill *(cill),* also Kirchlein. Die amtlichen topographischen Karten sind zweisprachig gehalten: Dem Gälischen ist die heute zumeist übliche und leichter auszusprechende, teilweise jedoch ungenau anglisierte Schreibweise (hier in Klammern) beigefügt.

abh, abhainn (aw, ow, avon, owen) –	Bach, Fluß
achadh (agha, augh) -	Feld
alt (alt)	Anhöhe
ard (ard)	Anhöhe, Vorgebirge
ath (anna)	Furt, Flußüberquerung
baile (bally)	Siedlung, Weiler, Dorf, Ortschaft
bán (bawn)	weiß
beag (beg)	klein
beann (ben)	Gipfel oder Bergspitze
bóthar (boher)	Viehweg, Straße
bothairin (bohereen)	Sträßchen
carn (cairn)	Steinhaufen
carraig (carrick, carrig)	Fels
cathair (caher)	Stein-Fort
ceann (ken, kin)	Landspitze
cill (kill)	kleine Kirche, kleines Kloster
cillín (killeen)	Friedhof für ungetaufte Kinder

cloch (clogh)	Stein
clochóg (cloghogue)	Trittsteine
cluain (cloon, clon)	Wiese, Weide
cnoc (knock)	Hügel, Anhöhe
coill (kyle, kill)	Wald
coire (corrie)	Kessel, Kar
com (coom)	Kar
cor	Kuppe
cruach (croagh)	steile Anhöhe
doire (derry)	Eichenwald
droim (drom, drum)	Bergrücken
dubh (duff)	schwarz, dunkel
dún (doon)	Fort
fionn (fin)	hell
garbh (garrif, garra)	zerklüftet
glas (glass)	grün
gleann (glen)	Tal
inbhear (inver)	Flußmündung
inis (inch, inish)	Insel
leitir (letter)	vernäßter Hang
lios(liss)	Ring-Fort
loch (lough)	See
mac	Sohn
mám (maum)	Bergpaß
mór (more)	groß
mullach (mullagh)	Gipfel
o’	Enkel
oileán (illaun)	Insel
rath (rath)	Ring-Fort
rua (roe)	rot
sean (shan)	alt
sliabh (slieve)	Berg
tír (teer)	Land
trá (tra)	Strand
tulach (tulagh)	kleine Anhöhe, Hügel
uisce	Wasser

Register

Gälische Ortsnamen wurden kursiv in Klammern gesetzt.

Bitte schreiben Sie uns, wenn sich etwas geändert hat!
Alle in diesem Buch enthaltenen Angaben wurden vom Autor nach bestem Wissen erstellt und von ihm und dem Verlag mit größtmöglicher Sorgfalt überprüft. Gleichwohl sind – wie wir im Sinne des Produkthaftungsrechts betonen müssen – inhaltliche Fehler nicht vollständig auszuschließen. Daher erfolgen die Angaben ohne jegliche Verpflichtung oder Garantie des Verlages oder des Autors. Beide übernehmen keinerlei Verantwortung und Haftung für etwaige inhaltliche Unstimmigkeiten. Wir bitten dafür um Verständnis und werden Korrekturhinweise gerne aufgreifen:

DuMont Reiseverlag, Postfach 31 51, 73751 Ostfildern
E-Mail: info@dumontreise.de